A Leitura Esotérica das Mãos

Karma – Força Espiritual – Destino

Matthias Mala

A Leitura Esotérica das Mãos

Karma – Força Espiritual – Destino

Tradução
ZILDA HUTCHINSON SCHILD SILVA

EDITORA PENSAMENTO
São Paulo

Título do original:
Esoterisches Handlesen
Karma . Geisteskraft . Schicksal

Edição	Ano
1-2-3-4-5-6-7-8-9	95-96-97-98-99

Impresso em nossas oficinas gráficas.

Sumário

Prefácio

A origem da tradição ocidental da leitura das mãos remonta à época dos helenos. No século II a.C., Artemidoro Daldiano compilou pela primeira vez um tratado de quiromancia, a arte de prever o futuro a partir da leitura das mãos (*cheir* = mão; *manteia* = previsão). Além da crença ainda corrente em nossos dias de que o destino se esconde nas linhas das mãos, os gregos também criaram a quirologia, estabelecendo o vínculo dos aspectos psicológicos e caracterológicos com os desenhos e a forma das mãos.

Essa compreensão da essência das mãos, que difere de pessoa para pessoa, passou a ter importância crescente a partir do século XVIII. Nessa época, como resultado de décadas de observação e análise dos traços característicos humanos nas linhas das mãos, vários pesquisadores divulgaram conhecimentos básicos sobre a fenomenologia das mãos. Dentre eles se destacaram o médico Carl Gustav Carus, com sua obra *Über Grund und Bedeutung der verschiedenen Formen der Hand bei verschiedenen Personen* (Da razão e significado das diversas formas de mão nas pessoas), Stuttgart, 1846; e Adolphe Desbarolles com *Les mystères de la main révélés* (A revelação dos mistérios da mão), Paris, 1859.

Por assim dizer, o trabalho deles lançou as bases da quirologia moderna, o que possibilitou também o ressurgimento da quirosofia grega já existente em textos (Aristóteles). Para esse espartano dedicado à arte da leitura das mãos, a mão era a expressão perceptível do reflexo da natureza espiritual da personalidade de cada um. Ensinamentos básicos sobre o assunto nos foram dados principalmente por Ursula von Mangoldt e Karlfried Graf von Dürckheim.

Em essência, o desenvolvimento dessa visão da quiromancia é o propósito fundamental deste livro.

M. M.

Ele põe selos sobre as mãos dos homens,
para que todos os mortais reconheçam o seu Criador.

(Jó 37,7)

Introdução

Aspectos fisiológicos das mãos

Nossas mãos participam ativa ou passivamente das nossas ações quando demonstramos carinho ou manifestamos raiva, quando comemos ou executamos nosso trabalho, quando falamos ou sonhamos. Na verdade, podemos afirmar com ênfase que tanto as nossas manifestações de vida quanto as nossas impressões também contam com a participação das mãos. Mesmo que elas pareçam não ter nenhuma participação visível nos fatos, ainda assim sua posição, temperatura, cor e seus mínimos movimentos demonstram o contrário. Partindo dessa observação, não parece tão estranho que os antigos quiromantes considerassem as mãos as companheiras do cérebro.

Nas mãos não se refletem unicamente a nossa vivência psíquica e o nosso estado anímico: elas também possibilitam estimular a nossa psique. Por exemplo: se a ponta do polegar tocar a ponta do dedo indicador formando um círculo – enquanto os outros três dedos permanecem levemente esticados –, nosso poder de concentração aumenta.

Mãos postas em gesto de oração ajudam a concentração e protegem a nossa interiorização contra os ruídos exteriores. Se voltarmos a palma das mãos para cima a fim de conversar com Deus, a sensação será outra: nossa percepção pessoal se ampliará, passando da densidade limitada da matéria para a amplidão ilimitada do espaço. Estas três bem conhecidas posições das mãos podem demonstrar a realidade do estímulo autopsíquico através delas. Há centenas de rituais e muitas posições tradicionais, individuais e secretas de mãos e dedos, que influenciam o nosso bem-estar físico e psíquico. Muitos deles atuam como proteção mágica ou sinais de defesa; como gestos de zombaria ou de imprecação; ou são agradavelmente revigorantes, como as mãos dos santos quando abençoam.

Examinar todos esses sinais ultrapassaria o escopo deste livro; entretanto, depois da leitura, o leitor atento descobrirá que existe um sentido mais profundo em tantos gestos tradicionais e passará a ver o seu efeito com outros olhos. Além disso, no capítulo "A mão esférica e o fluxo de energias", apresentaremos os métodos e as bases do estímulo quiropsicológico no que se refere ao equilíbrio da energia.

Uma visão geral das mãos

Muitos quiromantes experientes serão acometidos por um medo inexplicável cada vez que olhar as mãos de alguém para fazer uma leitura. Esse medo provém daquela timidez natural em devassar o íntimo de um semelhante, pois, se olharmos descontraidamente e sem preconceitos uma mão estranha, teremos a percepção total da pessoa que estiver diante de nós. Essa visão não se compara com a compreensão intelectual e analítica da forma da mão: trata-se de uma conscientização espiritual em âmbito pessoal.

Em última análise, revelar ao consulente essa visão geral é o objetivo do quiromante: no processo de cuidadosa análise ele tenta descrever o quadro verdadeiro. A dificuldade da leitura das mãos está nessa gradativa aproximação do que se vê e em sua tradução descritiva. Em vista disso, na compreensão intuitiva os sinais das mãos atuam como um todo significativo, ao passo que na interpretação analítica os sinais isolados têm de ser considerados em relação com outros componentes. Nesse caso, uma ênfase exagerada em certas partes, em detrimento de outras, poderá levar à confusão na visão do quadro original.

É por isso que é compreensível que o índice de acerto de uma leitura de mãos, através de sinais isolados, fique na média de 60 por cento. Ao afirmar isso, quero dizer que a interpretação de um quiromante que se restrinja à forma do dedo indicador do consulente, por exemplo, terá um nível de acerto de 60 por cento. Somente ao estabelecer o vínculo com os outros traços da mão, essa leitura adquirirá um maior acerto de interpretação, aumentando a média para 80 por cento. Quem prometer a si mesmo um índice de acerto maior numa leitura esquece-se de que as palavras são insuficientes para expressar com clareza tudo o que estiver nítido diante dos nossos olhos. Talvez uma observação das próprias mãos revele essa limitação, revele o que está impedindo uma visão mais clara.

O que é a leitura esotérica das mãos?

Basicamente, só se diz ser esotérico aquilo cujo acesso é privilégio dos iniciados. No sentido mais geral, esse conceito designa uma atitude espiritual importante, em que o ser humano se esforça para compreender a vida através de uma correlação hierarquicamente espiritual e, em última análise, a viver uma vida verdadeira através da conscientização dessa espiritualidade. É nesse sentido geral e diante dessa imagem humana que se entende a leitura esotérica das mãos. Ela está, por conseguinte, em certa oposição à quiromancia. Enquanto este último conceito significa basicamente a interpretação prévia do destino futuro (levando-se em consideração os traços de caráter da pessoa, reconhecíveis nas linhas das mãos), a leitura esotérica das mãos significa ver a essência da pessoa e reconhecer o potencial que lhe foi dado, bem como o modo como esse ser humano pode concretizar esse potencial – de tal forma que transcenda a sua dependência do destino e que o quadro de suas mãos não seja vivido parcialmente na densidade material, porém como um todo, com clareza de energia.

Analisar as mãos dessa forma e compreendê-las pressupõe que se compreenda a mão com suas linhas e sua forma como um momento energético. Tal como o ser humano, a mão plasticamente compreendida é energia condensada. E assim como o homem é apenas a expressão espacial de uma grandeza imensurável que transcende espaço e tempo, suas mãos contêm uma parte do grande todo, ou seja, a sua imagem humana e também a sua parte abrangente, o que se entende como uma dimensão divina.

Por leitura esotérica das mãos compreende-se, portanto, a capacidade de interpretar o encadeamento de energias na forma das mãos; a capacidade de reconhecer as densificações energéticas nos montes das mãos, de perceber o fluxo de energias nas linhas das mãos e de saber avaliar a quantidade de transcendência no direcionamento do fluxo energético através das mãos. Nesse sentido, a leitura esotérica das mãos não se destina unicamente à compreensão do *status quo*, mas também à compreensão da "origem" e do "destino" do homem. Desta forma, a compreensão do agora é a semente para o florescimento do todo intemporal.

Um caminho para o autoconhecimento

O versículo de Jó citado no início deste livro:

> *"Ele põe selos sobre as mãos dos homens, para que todos os mortais reconheçam o seu Criador"*

define a proposta deste trabalho. Ele revela também que, embora sejamos todos semelhantes, cada ser humano percorre um caminho muito pessoal rumo ao conhecimento. Esse versículo também explica que o significado mais profundo da nossa presença aqui na Terra é nos esforçarmos por obter esse conhecimento.

E o que nas mãos parece ser, simbolicamente, um caminho de baixo para cima – da raiz da mão passando pela palma até a ponta dos dedos –, por outro lado, pode ser um caminho de volta ao seio do nosso ser. Pois só conhecemos aquilo que já conhecíamos antes e que existe dentro de nós como algo cognoscível. Cada conhecimento que nos é dado obter não deve ser uma projeção que chegue a provocar um distanciamento entre nós e as outras pessoas, porém deve ser uma interiorização em que desapareçam os limites entre o eu e os outros, para que não haja nem sombra de egocentrismo.

Ao mesmo tempo, o versículo nos revela que estaremos chegando ao conhecimento assim que formos capazes de ler os selos em nossas mãos. O caminho do autoconhecimento torna-se, desse modo, o caminho da purificação. Através da leitura esotérica das mãos, não só chegamos à compreensão de nós mesmos, mas também podemos reconhecer o caminho a percorrer para executar a missão que nos foi dada por Deus. Dessa forma, o caminho se transforma na meta. E, à medida que nos afastamos do caminho, nos afastamos da nossa missão original e passamos a viver na discórdia e no endurecimento egocêntrico. Mesmo que esses erros estejam escritos como sinais e destino em nossas mãos, ainda assim se trata de marcas do caminho; nunca, entretanto, do mencionado caminho. Por outro lado, encontramos no caminho exigências do destino que temos de aceitar como vivências predestinadas para podermos progredir na nossa trilha. Elas são comparáveis às catorze estações da Via Sacra, pelas quais o fiel tem de passar ao fazer suas devoções. Da mesma forma, precisamos passar por esses nós do destino para, finalmente, desmanchá-los.

Olhar para as mãos mostra-nos com clareza quais exigências o destino nos impõe. Ao mesmo tempo, descobrimos como fazer justiça a essas exigências e de que modo seremos tentados a resistir a elas. No entanto, quem acreditar que esse autoconhecimento através da leitura das mãos é comparável à simples leitura de uma planta de construção, tão logo se disponha do necessário conhecimento para fazê-lo, está muito enganado. E se engana da mesma forma que muitos se enganam no esforço de conhecerem a si mesmos forjando seus preconceitos, para então considerá-los reais como projeções. Logo, olhar a mão é antes de mais nada obter uma visão global da pessoa. Só que deixar essa visão atuar em nós mesmos como percepção exige grande coragem e dedicação, qualidades que, na maioria das vezes, só adquirimos no final do nosso caminho diante da inexorabilidade da morte.

A responsabilidade do quiromante

Parece que é mais fácil ler a mão de outra pessoa do que ler a própria mão. Em essência, isso acontece porque, como mencionamos antes, obstruímos a visão de nós mesmos. E assim tentamos interpretar na mão dos outros o que não ousamos ver na nossa.

Nisso consiste o risco da interpretação, ou seja, o leitor não está livre. Ele está preso aos próprios erros e disfarces e, assim, projeta o seu lado de sombra para a mão do consulente. Ao mesmo tempo, ele se esforça por fazer a leitura quase como um conceito de terapia pessoal, sucumbindo assim às exigências não-expressas pelo consulente. Em vez de fazer uma leitura séria, ele apresenta com loquacidade toda sorte de coisas agradáveis, diagnósticos falhos, bajulações e opiniões parciais.

É por esse motivo que só deve analisar mãos aquele que olhou profundamente para dentro de si mesmo e que, ao menos, conhece os seus lados luminosos e sombrios. Por outro lado, também devemos examinar nossos motivos antes de mostrar a mão a alguém, pois seremos forçados a prestar atenção a nós mesmos quando confiamos dessa forma num quiromante.

O Karma Impresso nas Mãos

Como a concepção de universo e de homem, subjacente ao conceito de *karma*, é a base da compreensão da leitura esotérica das mãos, e como, por outro lado, existem conceitos diversos de karma, é preciso primeiramente explicar de que modo o karma é entendido aqui.

Para o quiromante é evidente que uma determinação dupla do destino é reconhecível nas mãos. Por um lado, há as linhas que se modificam no decurso de uma vida e, por outro lado, existe a *Gestalt* da mão que, essencialmente, quase não se modifica. Dessa observação pode-se deduzir que tanto a Lei de Causa e Efeito como as predeterminações kármicas se manifestam em nossas mãos.

Em geral, o conceito de karma está em íntima ligação com a imagem do renascimento. Entretanto, para o quiromante essa imagem não tem valor, pois o que vê na mão, o que lhe é oferecido, é a materialização momentânea da essência do homem. Quer isto dizer que, no ser humano, o imensurável se manifesta espacialmente no aqui e agora, e que a personalidade do homem determina em que grau de evolução o seu "eu" se encontra.

Aqui atua o que é compreendido como karma para a leitura das mãos. Por outro lado, é o que o ser humano recebe ou, em outras palavras, o que a humanidade tem de viver. Essa missão dos homens em geral é lida na mão esquerda. Por outro lado, depende

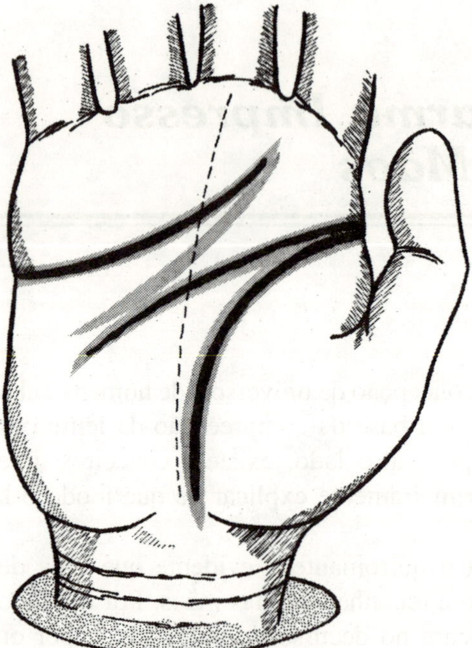

Figura 1

da personalidade de cada indivíduo até que ponto ele seguirá o impulso de realização do seu potencial. Trata-se da capacidade de ação da pessoa, e suas ações geralmente estão dentro do contexto de causa e efeito. Esses inter-relacionamentos são lidos pelo quiromante na mão direita.

A determinação da mão com que abrimos caminho na vida depende, em certa medida, dos nossos pais e antepassados, dos quais herdamos a forma e o tamanho das mãos, dos dedos e das palmas. Também o traçado das três linhas principais, a assim chamada Linha-M, composta das linhas da Vida, da Cabeça e do Coração, em parte é hereditário.

Observando a mão a partir do pulso, esse traçado se parece com um M escrito com um movimento rápido (figura 1). Embora a hereditariedade dessa Linha-M possa ser comprovada, a imagem, no entanto, não permite inferir a premissa contrária, ou seja, de que a semelhança de linhas-M sirva para comprovar o parentesco de duas pessoas. Portanto, apesar da hereditariedade de diversos traços, existe uma medida considerável de formações pessoais nas mãos, que independem dessa hereditariedade.

As linhas principais das mãos se desenvolvem no feto já no segundo ou terceiro mês de gravidez. Essa impressão acontece, portanto, numa época em que o embrião em desenvolvimento ainda não é capaz de movimentar regularmente as mãos. O aparecimento dos sulcos das mãos não é um mero processo fisiológico mecânico. Por conseguinte, parece que as linhas principais revelam traços característicos pessoais, que no sentido gráfico mostram o verdadeiro caráter em formação da pessoa desde o início da vida. Assim como, para o escultor, a imagem a ser esculpida já existe na pedra antes de ele ter escolhido a mais adequada ao seu trabalho e assim como a estátua que ele esculpe não passa de uma imagem imperfeita daquela que ele viu com seu olhar interior, assim também o ser que acabou de nascer é apenas a manifestação limitada da sua verdadeira essência. Pois o útero da mãe não é apenas o amparo protetor onde é formado o caráter no não-nascido, mas é também o lugar de comunicação com o exterior, que também influencia essa impressão deixando seus sinais nas mãos. Desse modo, o karma, indubitavelmente, já atua sobre o bebê no ventre materno.

A mão do recém-nascido é a mais rica em linhas que existe. Tal multiplicidade só aparece, na melhor das hipóteses, nas mãos de uma pessoa idosa altamente sensitiva. No decurso das duas ou das três primeiras semanas de vida, a rede de linhas desaparece e, com o crescente fortalecimento da personalidade, a estrutura fica mais simples, para depois se diferenciar outra vez durante o percurso da vida, firmando a sua essência. O motivo de a mão do recém-nascido apresentar tantas linhas talvez seja, em última análise, o fato de ele ainda estar impregnado pela sua essencialidade e pelo inconsciente, bem como por energias arquetípicas. Só aos poucos o interior se separa do exterior, o ego se centraliza e descobre que há uma distância entre ele e os outros. O ser humano entra em comunicação com as outras pessoas e começa a trilhar o caminho.

A muito poucos é dado viver no decurso de uma vida o que está impresso nas mãos, pois poucos conseguem ser perfeitos. Um ser perfeito liberta-se do círculo kármico de causa e efeito. Este vive a sua essência: seus traços característicos correspondem às suas justas ações e ele se adapta para cumprir a sua missão. Sua ação é, então, verdadeira e não mais uma reação às influências primordiais.

Como já mencionei anteriormente, as linhas das mãos estão sujeitas a mudanças, o mesmo valendo para as formações da superfície das mãos, os assim chamados montes.

Ambos os sinais crescem e se modificam junto com a personalidade, mostrando as fases de desenvolvimento a serem vividas. E assim pode acontecer de certas linhas desaparecerem totalmente ou modificarem a sua direção, bem como muitos montes podem sofrer uma redução enquanto outros podem se elevar. Na medida em que percebemos essas modificações, isso nos ajuda a percorrer o caminho correto – muitas vezes mais do que se dermos uma única olhada em nossas mãos. Um método simples de registrar o *status* da mão para nós mesmos é fotocopiar a palma das mãos. Certos sinais especiais, invisíveis a olho nu, como a forma dos montes, tornam-se visíveis, ponto por ponto.

Com a morte, a alma sai do corpo, e também nesse caso se vê novamente como o diagrama de nossas mãos é vivo. Primeiro, ficam emaciadas as linhas mais finas das mãos da pessoa morta e, aos poucos, também as linhas mais marcadas perdem o seu contorno e desaparecem. Aos homens resta, como algo ainda a ser resolvido, o karma que não se esgotou durante a vida.

O Procedimento Correto na Leitura das Mãos

A metódica da leitura

Ao interpretar as linhas das mãos, o analista parte de um quadro duplo. Em primeiro lugar, a idéia de uma mão física ideal e, em segundo, a idéia da imagem humana refletida nas mãos.

No primeiro caso, pergunta-se o que é uma mão normal. Como se pode estabelecer normas para a normalidade, se neste globo terrestre a estrutura e formação de cada ser humano é e permanece única? Afinal, perguntar isso é o mesmo que indagar qual seria um rosto normal! E assim como cada rosto que tenha traços equilibrados é considerado normal, também é normal toda mão harmoniosa e bem-equilibrada. Em princípio, a comprovação de que uma mão é normal tem um valor mais ou menos neutro para a interpretação. Entretanto, ela revela se a pessoa tem equilíbrio físico, espiritual e mental.

Porém, além da apresentação da pessoa considerada normal, ainda existem para o analista critérios objetivos que lhe permitem estabelecer diferenças na imagem da mão ideal. Dá-se preferência à observação do tamanho e da largura ideais das mãos, e ao julgamento quanto ao comprimento dos dedos, que são muito esclarecedores. Os critérios para estabelecer, em cada caso, os tamanhos normais partem da análise das partes da mão.

O comprimento da mão é considerado normal quando ela pode cobrir o rosto se colocada diante dele. Se o rosto puder ser coberto por ambas as mãos, elas têm largura normal.

Os dedos e a palma das mãos estão em proporção normal quando, ao se colocar o dedo médio de uma mão na palma da outra, a partir do pulso, ficar faltando a largura de um dedo para a base do outro dedo médio.

O segundo quadro que deve chamar a atenção do analista de mãos durante a sua interpretação é a idéia de uma mão básica metafísica. Nela se reflete a materialização do ser humano na sua vida aqui e o seu anseio pela transcendência. Essa imagem do ser humano, visível nas mãos, é perceptivelmente acentuada por três cores fortes: no vermelho-vivo vibra a energia vital com que o homem luta pela sobrevivência; o amarelo-claro mostra a iniciativa do gênio que dá florescência e forma às suas pretensões; no azul-intenso vibra o desejo de transcender a si mesmo e o anseio pela perfeição.

Como que para provar o simbolismo deste quadro, essas cores existem de fato na aura das mãos. No quadro das mãos esses três aspectos da vida humana se refletem nos âmbitos horizontal e vertical. No próximo capítulo eles serão analisados em profundidade.

Quem quiser ler a própria mão, ou a dos outros, deve ter consciência do que quer e do que pode ler. Não se trata só do fato de existirem as naturais limitações do analista, mas também de existirem limites próprios à leitura esotérica das mãos. Já mencionamos antes os motivos para o analista ter consciência do que quer ler nas mãos. Durante a interpretação existe o risco de ele sucumbir aos seus desejos e de procurar nas mãos justificativas aparentes para as suas ações. Mas, assim que conhecer o motivo de seus atos, se ficar atento, logo perceberá os desvios enganosos que o afastam da verdade. Considerando que esteja livre de ilusões, o modo ideal de ler as mãos é analisar a mão oferecida à leitura sem ter motivos subjacentes, como se estivesse lendo um livro de teor desconhecido.

Os limites da leitura esotérica de mãos ficam exatamente no ponto em que se faz a necessária pergunta: "Qual é o grau do meu desenvolvimento espiritual e a que distância estou de ter o conhecimento definitivo?" Sem contar que esse anseio egomaníaco por uma comprovação gradativa não prova certo amadurecimento, trata-se de uma circunstância feliz o fato de o mau uso e a exploração dos outros ter sido selado por um cadeado divino. Na mão se pode ler o potencial das energias e o caráter básico da pessoa, bem como o modo como ela usará essas energias na vida real. Porém, à medida que o nosso aprisionamento ao ego se desfaz e se revela cada vez mais a nossa essência, usar aquelas energias não depende só da nossa disposição pessoal, mas também de um momento de misericórdia divina. E se, por visar à concretização das nossas metas, dependemos de ambos – da verdadeira entrega e da presença da misericórdia divina –, também dependemos do imprevisível que surge e se materializa em nossa vida.

Em certo sentido, a mão oferecida à interpretação engloba um ideal físico e metafísico. A impressão que o analista tem da mão como um todo depende da tensão existente entre o ideal e a realidade. Trata-se da fonte da intuição, do fio vermelho que percorre a interpretação. O analista tenta obter essa visão intuitiva do que é essencial no caminho que a pessoa tem de percorrer. Entretanto, há nisso um paradoxo.

O analista obtém a impressão geral da mão à medida que aborda cada uma de suas partes. Se proceder de modo correto, os resultados isolados se encaixarão como as peças de um quebra-cabeça. E é justamente nisso que consiste a tarefa principal do analista: fazer surgir o quadro do que é essencial. Isso significa que ele é o guia do analisado.

Ele deve mencionar tudo o que corresponde ao encaminhamento do analisado para o rumo certo. E estamos no rumo certo quando descobrimos o solo propício para manifestar a nossa essência. No entanto, o analista nunca deve rolar pedras para o caminho do analisado enquanto for descrevendo os horrores marginais que, como profecias comprovadas, possam impedir a sua cura.

Neste ponto, temos de reafirmar enfaticamente que não existem traços negativos nas mãos. É a nossa personalidade egocêntrica, distanciada da essência, que – para fazer justiça ao que deixamos de fazer – descobre limitações, considerando-as negativas. No entanto, quem considera as linhas de sua mão e vive em harmonia com a própria essência não encontra bloqueios causados pelo ego. Para os outros, o caminho da vida pode ser considerado como um sofrimento, porém para ele se trata do caminho rumo à cura. Portanto, de uma "quantidade pequena de sinais" não se deve deduzir uma carência qualquer, da mesma forma que uma "grande quantidade de sinais" não deve significar algo demasiado estimulante que se transforme num fardo.

O leitor esotérico de mãos interpreta de duas maneiras o reflexo da pessoa que ele vê. A primeira interpretação mostra a estrutura da pessoa e as habilidades de que ela dispõe para o domínio real de sua missão essencial. A seguir, o analista indica o modo como a pessoa deve abordar sua missão e como deve mobilizar as energias favoráveis e, segundo a sua capacidade, remover os possíveis bloqueios à sua evolução.

Essa forma de interpretação só é possível ao analista que de fato compreenda o homem como expressão da sua essência. Esse entendimento não define nenhuma indução lógica, porém a percepção de *Ser* que transcende a razão e se esconde em todo ser humano. Quem vivenciar em si mesmo essa plenitude fará a leitura das mãos baseado nisso e, então, suas palavras terão o mesmo fundamento, sendo portanto de grande profundidade e amadurecimento humanos. No entanto, quem apenas se enxergou superficialmente, também na leitura das mãos só conseguirá arranhar a superfície dos fatos. Suas palavras conterão muito poucas verdades, pois quem quiser se aproximar da verdade no seu semelhante terá de encontrá-la primeiro no âmago do próprio ser.

A interpretação é a percepção de um movimento. No momento da análise das mãos, a pessoa não é unicamente o agora perceptível, mas o todo do movimento desde o início de seu aparecimento até a sua partida desta Terra. Seja como for, esse movimento é determinado apenas aparentemente, porque contém o dinamismo inato feito da luta de duas forças opostas: por um lado, a força impulsionadora da missão e, por outro, a força estática do aprisionamento do ego. Conforme a força a que se der mais ênfase durante a vida, modificar-se-á o gráfico do movimento e, conseqüentemente, modificar-se-ão os sinais das mãos.

A tarefa do analista de mãos não consiste unicamente em explicar a expressão atuante do movimento no presente, porém também abranger suas possíveis modificações. Ele pode, além de analisar os sinais que apontam para o futuro, liberar e explicar as energias do passado, dando outra direção ao movimento.

Os sinais da mão são parte do quadro total, e nenhum sinal responde por si só. Ele sempre deve ser lido no contexto dos outros sinais que, por sua vez, só podem ser lidos em relação à mão como um todo. Portanto, a falta ou o excesso de fatos deduzidos de um sinal não podem ser interpretados só por esse sinal. Ao se estabelecer a relação com outros sinais, fica claro se ter poucos é uma vantagem ou se ter muitos é a expressão de algo insuportável ou que represente um fardo. Por exemplo, os sinais podem apontar para o fato de que existe a missão impossível de superar determinada carência em determinado setor através de um esforço pessoal, a fim de que a pessoa transcenda a sua natureza.

Ao fazer uma análise, o analista deve considerar as duas mãos. Em geral, ele analisa primeiro a esquerda. Trata-se da mão kármica. Com isso se quer dizer que essa mão reflete a estrutura de um ser – o que lhe foi dado junto com a sua essência humana. A esquerda é a mão que apóia e acompanha a direita em todas as ações. Em certo sentido, é a mão a ser analisada. Seus sinais são mais finos e versáteis do que os da outra mão. É por isso que o analista lê na esquerda também o oculto, o inconsciente, o equilíbrio espiritual ou a tensão que ali estão complexamente registrados. Muitos a definem como a mão da tendência, pois nela se pode ler como a nossa vida pode ser e quais as vantagens de que dispomos. Seja como for, ela está mais perto do divino do que a direita, a mão da ação, a mão que agarra, a mão agressiva, aquela com que nos firmamos na vida. É por isso que o analista lê a mão direita para verificar como cumprimos a nossa missão, como nos defendemos e onde nos afastamos do caminho. Trata-se da mão material que, no aprisionamento do ego, se mostra de forma essencial. Ela é mais unilateralmente estruturada do que a esquerda, talvez porque revele a causa das nossas ações. E, assim, o analista procura nela o "para onde", a fim de reconhecer se ficamos no caminho indicado pela mão esquerda ou se reencontraremos o caminho na hipótese de nos perdermos.

No caso de uma pessoa canhota, o significado das mãos se inverte. Enquanto o elemento de ação se mostra na esquerda, sua mão direita vale como a mão mais sensível. Para o analista experiente, ler as mãos de um canhoto não apresenta dificuldades, visto que a superfície da palma da mão direita dessa pessoa, quando comparada à esquerda, é mais sutilmente desenhada. O mesmo acontece com o canhoto que usa a direita para escrever.

Também na leitura das mãos nós nos aproximamos do interior a partir de fora. Primeiro, interpreta-se o contorno da forma das mãos e, talvez, os dedos sejam analisados superficialmente. Também o pulso e as articulações fazem parte do julgamento do contorno das mãos. A visão da mão e de seu contorno possibilita ao analista ver certos traços característicos da pessoa. Depois disso, ele se volta para a palma das mãos. Primeiro, verifica o potencial de energia dos montes, e tenta esclarecer a correlação dos montes uns com os outros. Ao contrário do quiromante, que agora passaria a analisar as linhas, o leitor esotérico volta sua atenção primeiro para os dedos. Eles representam simbolicamente a esfera de nossa vida espiritual e nossa atuação nesse âmbito da vida. Ao analisar os dedos, devem ser incluídos o lado interno e o externo, bem como as articulações e a base dos dedos. Antes de o leitor de mãos dedicar atenção às linhas, ele verifica a distribuição das cores na aura dos dedos. Para julgar as linhas, ele precisa imprescindivelmente dos dados coletados até aqui. Das linhas o leitor infere como a energia contida nos talentos e na força da pessoa forma a corrente do destino.

Tão metódica como o procedimento da leitura das mãos também deve ser a narrativa da interpretação. Em primeiro lugar, será descrita a estrutura básica da pessoa; depois, o seu potencial como ser humano para, finalmente, se comprovar os talentos de que ela dispõe a fim de percorrer o caminho.

Para encerrar, eu gostaria de mencionar que na quirologia a correlação habitual dos sinais das mãos com os planetas só corresponde aproximadamente ao significado astrológico dos mesmos, embora seu simbolismo tradicional seja forte. Quem estabeleceu essa correlação foram os sábios árabes da Idade Média, ao unirem a astrologia e a quirologia. Durante muito tempo, essa ligação também foi usada na Europa, até que, com o surgimento do Romantismo, considerou-se mais a contemplação psicológica das mãos.

A Divisão das Mãos, Símbolo do Desenvolvimento Humano

O quiromante divide a mão em várias zonas interligadas. Essas zonas são especialmente significativas para o julgamento do valor humano. A partir da extensão de cada uma das zonas, e a partir da sua desproporção, o analista pode deduzir até que ponto a natureza do analisado é equilibrada, em que âmbito reside o ponto de gravidade das energias e onde se situam as possíveis dificuldades na vida da pessoa. O que se manifesta em determinadas zonas da mão são a tensão entre a pessoa e os outros, bem como a natureza mundana, espiritual e mental do ser humano. A divisão da mão por zonas depende do conceito de uma mão ideal. Nas anormalidades, seria mostrado em contornos grosseiros aquilo que nos foi dado executar ao nascermos.

A divisão vertical das mãos

A mão é dividida nos sentidos vertical e horizontal. Na divisão vertical, expressa-se a natureza mundana das pessoas, ao passo que na horizontal aparece a sua presença interior.

Uma primeira divisão grosseira é a separação da mão em duas metades (figura 2). O eixo divisório passa mais ou menos

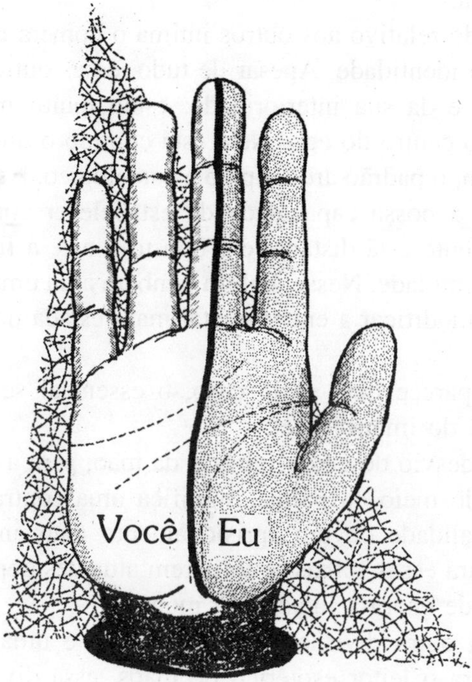

Figura 2

pelo Dedo de Saturno (dedo médio) e termina no arco inferior da Linha da Vida.

O lado do polegar é o lado da personalidade de cada um; o lado oposto representa os outros. Seria falso equiparar o lado da identidade com as forças do ego, visto que as estruturas do ego se espalham de forma sutil por toda a mão. Por certo, elas atuam com mais intensidade no lado relativo à identidade. Trata-se do âmbito da auto-afirmação e da participação ativa na vida. As forças vitais aqui atuantes dão a base de ação à natureza da pessoa, na medida em que a impulsionam rumo à aceitação da luta pela sobrevivência.

O lado relativo aos outros intima o homem a se compreender como uma identidade. Apesar de tudo, esses outros não estão fora da pessoa e da sua interioridade; estão muito mais num âmbito distante do centro do ego. Nele está contido o que os homens têm em comum, o padrão arquetípico e psicológico. Nesse lado também se mostra a nossa capacidade de estabelecer contato com o que aparentemente está distante e é oposto a nós, a fim de formarmos a nossa identidade. Nesse âmbito também atua uma força impulsiva que tenta modificar a energia vital manifestada no lado relativo ao eu.

Até parece que, neste caso, o essencial se enraíza na base primordial do imensurável.

Um desvio do eixo divisório da mão, para a esquerda ou para a direita do meio da palma, significa uma contração na estrutura da personalidade ou um aprisionamento mais intenso do ego. A medida para essas forças se tornarem atuantes depende também do potencial de energia ligado aos montes.

Uma outra divisão vertical da mão é uma divisão em três partes. Para o leitor esotérico de mãos, essa divisão tríplice é de grande importância (figura 3).

Ao redor do polegar e do Dedo de Júpiter (indicador) é mostrada a disposição da pessoa, não só de aceitar a luta pela vida mas também de dominá-la a seu jeito. Este setor é ocupado igualmente pelo Monte de Vênus e pelo Dedo de Júpiter. Como nesse âmbito atuam predominantemente forças agressivas e exigentes que, por isso mesmo, estão mais sujeitas ao princípio masculino, ele também é corretamente chamado de Campo de Júpiter. Os sinais característicos dessa zona da mão são a energia vital e a auto-afirmação, a vontade de viver e de lutar pela vida. A pessoa busca e afirma o seu lugar no mundo. Se o peso do Campo de Júpiter for grande na mão, a pessoa corre o risco de deixar de prestar atenção aos seus talentos ou, então, ela apenas os usa para aumentar a própria

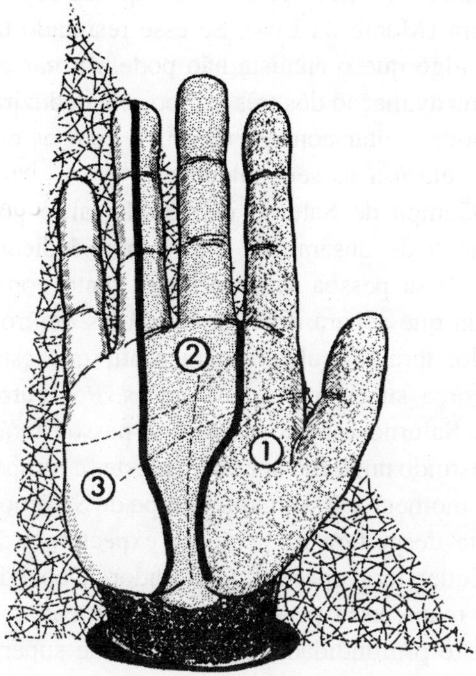

Figura 3

felicidade. Se houver pouca ênfase no Campo de Júpiter, na maioria das vezes falta à pessoa a necessária potência para agir através dos outros campos. Ela ficará à mercê das forças atuantes neles e, possivelmente, estará sujeita à sua influência.

A zona intermediária é dominada pelo Dedo de Saturno e pela Linha do Destino (Linha de Saturno), e recebe o nome de Campo de Saturno. É neste campo que o analista de mão observa a capacidade de a pessoa lidar com o mundo material e de dar forma e expressão aos seus talentos. Em certo sentido, esse campo atua no caráter, e o resultado material aparece no campo de tensão existente entre a força impulsiva (Campo de Júpiter) e a força impulsionadora (Monte da Lua). Se esse resultado também expressa o karma é algo que o analista não pode afirmar com certeza; seja como for, da avaliação dos três campos ele deduzirá em que medida a pessoa pode contar consigo mesma e com os outros, e com que intensidade ela usa os seus talentos.

Um Campo de Saturno demasiado largo pode dar à pessoa uma sensação de desamparo e levá-la a dedicar-se a atividades espirituais. Essa pessoa se preocupará tanto com as trivialidades do dia-a-dia que achará difícil controlá-las dentro de um contexto mais amplo: terá dificuldade para sentir que está sendo ajudada por uma força superior em suas ações. Por outro lado, com um Campo de Saturno estreito demais, a pessoa terá a impressão de que está vestindo um terno apertado, prestes a romper-se nas costuras a qualquer momento. Assim, um Campo de Saturno apertado demais dificilmente despertará na pessoa a expectativa de que uma ação banal qualquer terá um efeito arrasador. Dependendo dos outros sinais das mãos, essa pessoa será ou não capaz de agir com comedimento e profundidade, ou com grande superficialidade.

Conforme a extensão em que o Campo de Saturno se espalha a partir do centro da mão para a esquerda ou para a direita, as forças jupiterianas ou as forças lunares influenciarão fortemente os atos dessa pessoa.

A base do Campo de Saturno é formada pelo Monte de Netuno ou "Lugar de Origem", segundo os chineses. Nem sempre o Monte de Netuno é tão proeminente que separe o Campo de Júpiter da terceira zona, o Campo da Lua. O Campo de Saturno, nesse caso, é um pouco mais estreito, faltando a força impulsiva às ações da pessoa, para levá-la à auto-realização, que parece estar ligada ao seu caráter essencial, no âmago do seu ser. Suas ações serão bastante despreocupadas, o que, entretanto, não deve ser interpretado como falta de seriedade. Parece muito mais que o caráter dessa pessoa oscila entre a dualidade, "ela mesma" ou "os outros", em vez de definir-se egocentricamente.

Do lado externo das mãos fazem parte essencialmente o dedo mínimo, o Dedo de Mercúrio, e as elevações externas da mão que compõem o Campo da Lua (é chamado de Campo da Lua porque nele atuam principalmente as forças sujeitas ao princípio feminino). Esta é a parte altruísta da personalidade da pessoa. Nesse campo nota-se a sensibilidade dela às energias que a influenciam e a sua capacidade de comunicação com o meio ambiente. Nesse sentido, a pessoa não é apenas parte do mundo: ela é o mundo. Da sua capacidade de aprendizado e da sua dedicação depende o modo como o mundo atua sobre ela e como os seus talentos se manifestam diretamente de acordo com o seu caráter. Além disso, nesse campo atuam as forças que a pessoa estimula a fim de chegar à transcendência. Pessoas com um Campo da Lua bem proporcionado tendem mais do que as outras à visualização de imagens arquetípicas. Ao contrário, um Campo da Lua demasiado estreito é peculiar de pessoas que vivem e tentam determinar o mundo a partir das próprias idéias. Uma pessoa com esse caráter muitas vezes tem dificuldade para tomar consciência de um mundo que não seja aquele que ela mesma idealizou.

Se os campos de Júpiter e da Lua se tocam diretamente, a pessoa está enraizada com os pés bem plantados num solo que transcende o deste mundo. Contudo, isso não significa que obrigatoriamente se trate de uma pessoa voltada para a espiritualidade. Ela poderá se sentir como um viajante entre dois mundos e, possivelmente, tenderá a compensar essa sensação de não ter pátria através de decisões de vida polarizadas. No que se referir à realidade material, contará com grande intuição vinda através do Campo de Júpiter; as energias de Júpiter, por outro lado, serão um empecilho à concretização dos seus anseios espirituais.

Resumindo, o analista lerá na divisão tríplice da mão a medida de energia vital e espiritual, a presença física da pessoa e a sua atuação no meio ambiente, a consciência ou a inconsciência de suas ações. Da mesma forma, ele saberá como avaliar a personalidade do analisado. Por assim dizer, fará uma primeira classificação do ser humano, incluindo-o num destes três tipos básicos:

- tipo atuante, com o Campo de Júpiter bem desenvolvido;
- tipo material, com o Campo de Saturno bem desenvolvido;
- tipo imaginativo, com o Campo da Lua bem desenvolvido.

A partir dessa divisão, os campos também serão usados para a interpretação dos montes da mão. Além disso, da relação do tamanho dos montes e da distância entre eles, o analista deduzirá se a estrutura do ego está em harmonia com a essência; portanto, verá o grau de harmonia com que a pessoa saberá lidar com os problemas da vida material.

A divisão horizontal das mãos

Enquanto a divisão vertical das mãos mostra o ser humano ativando na sua luta pela sobrevivência – o ser humano como força criadora que providencia os recursos materiais de que precisa para a manifestação de sua natureza –, a divisão horizontal das mãos simboliza a sua constituição psíquica e o seu desenvolvimento espiritual.

Na divisão horizontal das mãos, o leitor esotérico analisa uma imagem espiritual diferente da visão menos precisa do quiromante.

Nessa divisão mais primária, a mão é separada em três zonas (figura 4). Essa divisão vale tanto para a palma como para o formato externo das mãos. A divisão tríplice é muito mais útil para se julgar o formato das mãos do que para a análise das linhas internas. Ao relacionarmos a parte inferior da mão com a natureza, não estamos

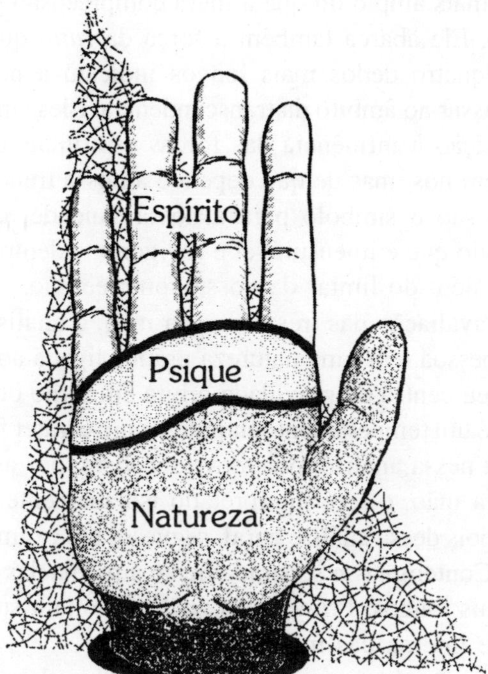

Figura 4

falando sobre a constituição física da pessoa – estamos muito mais interpretando sua força instintiva. Não se trata unicamente da energia vital necessária à sobrevivência – ao atendimento de suas necessidades –, mas também de forças que servem para atender aos seus desejos e tendências, cuja satisfação, no entanto, é principalmente de ordem material.

O Cinturão da Psique abrange toda a palma das mãos. Através da forma das falanges e do formato dos montes superiores da palma, o analista descobre a estabilidade psíquica e a sensibilidade anímica da pessoa diante dos percalços da vida. Para esta zona, o conceito *psique* é mais amplo do que a mera compreensão psicológica geral do termo. Ele abarca também a força da *ratio* que nos orienta.

Os quatro dedos mais longos indicam a possibilidade de a pessoa passar ao âmbito da transcendência. Eles simbolizam a nossa predisposição à influência das forças espirituais que não só estão latentes em nós, mas de que depende a nossa tranqüilidade. Assim, os dedos são o símbolo para a nossa saudade de *nos tornarmos um*, daquilo que é imensurável e revigorante dentro de nós, daquilo que está além do limiar da nossa compreensão.

Da avaliação das três zonas da mão, o analista deduz até que ponto a pessoa tem uma natureza prática ligada ao elemento Terra, ou se o seu centro de gravidade orbita em torno do elemento Fogo, dando-lhe um temperamento inquieto e um caráter fogoso. O polegar não entra nessa análise, pois deve ser visto, por assim dizer, como uma outra mão, e será interpretado isoladamente.

Depois dessa análise geral, segue-se um exame mais detalhado da mão. Contempla-se separadamente a palma das mãos e os quatro dedos mais longos. Primeiro, o analista volta a sua atenção para a superfície interna das mãos.

Segundo os quiromantes, a divisão da palma das mãos (figura 5) é apenas uma nova separação dos setores relativos à esfera física. A zona que define a natureza do ser humano limita-se agora aos montes de Vênus, de Netuno e da Lua. Trata-se do âmbito em que atuam as forças vitais primordiais irradiando-se até a ponta dos dedos. Assim como no sentido espiritual, por um lado, o ser humano é alimentado pela ponta dos dedos, por outro sua vida material tem sede na zona inferior da mão. Quanto mais desenvolvida ela for, tanto mais apoio essa pessoa terá em sua luta pela vida, embora isso também cobre seus tributos. Sendo assim, o analista poderá deduzir que a pessoa com a base da mão bem desenvolvida atende principalmente às necessidades físicas da vida, do sexo ao esporte, buscando a satisfação exagerada dos sentidos, podendo chegar ao uso de drogas e de entorpecentes.

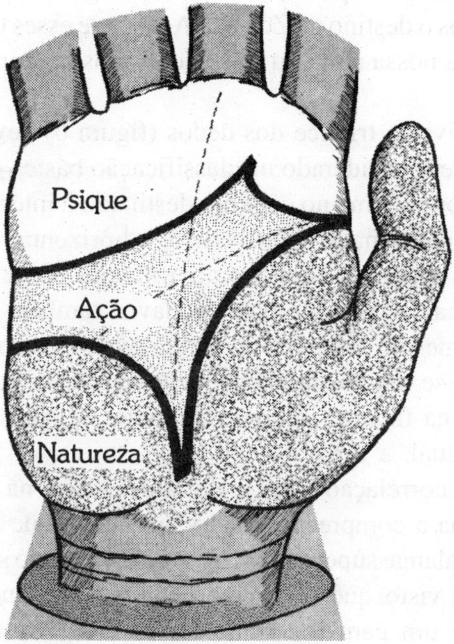

Figura 5

A zona intermediária, a Zona da Ação, mostra ao analista de que forma a pessoa usa sua energia vital no intuito de cumprir sua missão, e mostra como ela tece a trama do seu destino com resistência consciente ou inconsciente. Trata-se do âmbito no qual as lutas pela vida deixam seus sinais. Quanto mais desenvolvida for a Zona da Ação, tanto mais importante parecerá à pessoa a luta prática e a afirmação da sua compreensão pessoal. Ela sempre tornará a repetir as ações e comportamentos, pois é através disso que toma consciência da sua identidade.

No âmbito superior, o Cinturão da Psique, é expressada não só a nossa sensibilidade e a nossa força de alma, mas também os nossos talentos e aptidões. Depende em grande parte do modo como abordamos o destino na Zona da Ação, e se esses talentos continuarão ocultos na nossa alma ou se serão usados no cumprimento da nossa missão.

A divisão tríplice dos dedos (figura 6) deve ser o último elemento a ser considerado na classificação básica da mão; no entanto, voltaremos ao tema no capítulo destinado à interpretação dos dedos.

Enquanto na divisão vertical e horizontal da palma das mãos se tecem diversos paralelos, à primeira vista os dedos parecem seguir uma divisão diferente. Todavia, também nela atua, em princípio, o mesmo desenvolvimento. Assim como na base da palma das mãos se manifesta visivelmente a expressão de vida do campo material, na falange inferior dos dedos se expressa visivelmente o ser espiritual, a força do ego.

Em correlação com a Zona de Ação, na falange média dos dedos atua a compreensão autoconsciente, que nunca deixa de circular. A falange superior coroa a mão e, em certo sentido, corresponde à psique, visto que o caminho rumo ao entendimento é simultaneamente um caminho rumo ao interior. Mesmo que através do ego e do Logos duas forças psíquicas se expressem nas falanges dos dedos, elas devem ser avaliadas diferentemente da avaliação do Cinturão da Psique. Ao contrário do que acontece na palma das mãos, aqui se trata de traços essenciais do caráter a serem analisados exclusivamente de forma espiritual. Assim, aqui o ego não é a força vital atuante e impulsionadora, porém a plenitude de experiências que compõem a identidade do ser humano consciente.

Uma falange inferior bem desenvolvida não indica que a pessoa disponha de muita experiência. O analista deduzirá que essa pessoa tende a abordar o âmbito espiritual a partir do seu egocentrismo, tentando apoderar-se dele.

A falange média mostra em que medida a pessoa compreende racionalmente os princípios espirituais, interpretando-os para si mes-

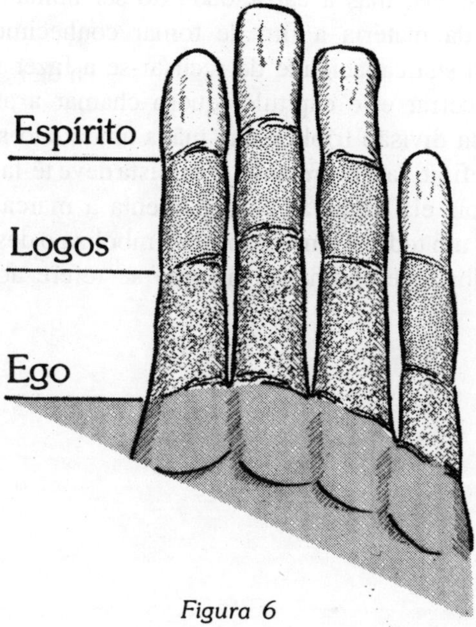

Figura 6

ma. Não é por acaso que a falange média é o mediador entre a consciência do ego e a corrente da vida, da qual o ego está isolado. Embora esta falange se relacione com o Logos, ela não revela algo sobre a inteligência da pessoa. O analista procura ver se a pessoa desperta para o espírito; enfim, procura ver se ela é um ser desperto que conhece bem os próprios limites.

A falange superior está perto e, ao mesmo tempo, longe da pessoa. Mesmo que nela atue o espírito, ainda não se trata do Espírito: continua sendo um âmbito humano. Por certo trata-se daquele âmbito ao qual foi tirada a identificação do ego com o âmago do ser. Ele simboliza o nosso tesouro, a possibilidade de entrarmos em tranqüilo diálogo com o Imensurável.

Vistos como um todo, os dedos revelam principalmente a importância da essência humana. Não são só os nossos talentos que se tornam visíveis, mas a capacidade do ser humano de se livrar das amarras da matéria a fim de tomar conhecimento do reino anímico, ou a sua capacidade de recusar-se a fazer isso.

Para encerrar este capítulo, quero chamar a atenção para o fato de que da divisão tríplice das mãos ainda não se podem tirar conclusões definitivas. Entretanto, o analista deve tê-la sempre diante dos olhos, pois ela organiza e fundamenta a marca característica da mão como um todo. Além disso, ela simboliza o desenvolvimento e as ações dos seres humanos no que se refere ao princípio do karma.

O Formato das Mãos

Uma visão geral

O analista começa sua leitura pela contemplação da aparência externa das mãos e sua interpretação. Com todo cuidado, ele descobre o íntimo do analisado através da forma exterior das mãos. Este é um procedimento que a pessoa compreende e aceita. Afinal, a aparência exterior é a primeira impressão que se tem de outra pessoa. E a forma exterior não só é algo que ela recebe ao nascer, mas é também a expressão especial de algo que ela quer demonstrar. O mesmo vale para o formato das mãos: ele não só revela o temperamento básico da pessoa, mas também proporciona ao analista os meios de deduzir qual a manifestação dos traços essenciais que a pessoa considera normal. É com a parte externa das mãos que o ser humano protege o interior das mesmas. Há alguns bons momentos em que voltamos o nosso interior para fora e apresentamos a palma das mãos. No entanto, se abrimos as mãos por um espaço de tempo mais prolongado, isso acontece porque confiamos na situação; com as mãos abertas, de certa forma revelamos quem somos interiormente.

Apenas pelo conhecimento da parte externa das mãos não é possível interpretar o que está nas palmas com grande confiabilidade. Só o formato das mãos não basta para uma interpretação segura do caráter da pessoa. Visto que os sinais contidos na parte externa das mãos são de natureza geral, analisá-los serve unicamente como um primeiro passo para ver um quadro que se tornará cada vez mais nítido. De certa forma, a marca característica da palma das mãos é a expressão revelada do que se vê na forma externa das mãos; e assim como acontece na construção de uma casa, a percepção do fato pode se dar por muitas etapas.

Na maioria das vezes, a marca característica da palma das mãos tem uma formação diferente da estrutura mais evidente da mão exterior, na medida em que a pessoa vive ou não o que nelas está previsto. Ela quase que esconde o seu Eu interior por trás de uma falsa fachada. Tanto faz se isso acontece conscientemente ou inconscientemente, o fato de o meio ambiente reagir diante da sua fachada, em vez de reagir ao que para ela seria uma reação natural, cria tensão. Essas pessoas têm grande dificuldade para descobrir a própria identidade, para tomar conhecimento do que há no âmago do seu ser.

Antes de tudo, a impressão da aparência das mãos é global. Essa impressão é captada e registrada pelo analista. Trata-se de uma primeira classificação simples, cujo significado, na maioria das vezes, é explicado pela interpretação do formato das mãos. Assim sendo, uma mão nodosa revela um caráter conservador e introvertido, bem como uma mão em forma de garra pode ser associada a um determinado tipo de personalidade; uma manopla flácida pertence, na maioria das vezes, a uma pessoa sensual. Todas essas são tendências básicas. No entanto, elas mostram o modo como a pessoa analisada aborda o seu meio ambiente.

Outros sinais, como a força das mãos ou a sua elasticidade, podem ser captados literalmente. O analista percebe a força das mãos ao pegar no centro da palma entre o polegar e o indicador. Numa mão fina demais, a energia não pode durar muito – ela se esgota rápido demais. Se, no entanto, for usada de modo ponderado, a pessoa será mais capaz do que as outras de um empenho de longa duração. Na maioria das vezes, essa característica também é revelada numa mão musculosa. Uma pessoa cuja mão seja gorda demais, ao contrário, tem muita força de iniciativa, porém sua persistência será revelada por outro local da mão. Pessoas com mãos fortes têm uma natureza voltada para o lado terreno, para o plano físico.

A elasticidade das mãos pode ser verificada não só pela pressão no centro das mãos mas também pela pressão nas falanges. O analista pressiona a série de falanges com o polegar e o dedo médio. Quanto maior for a deformação das falanges sob essa pressão (figura 6), tanto mais maleável será o caráter da pessoa analisada. Paciência, capacidade de adaptação, tolerância e abertura não serão problemas para essa pessoa. Por outro lado, de uma pessoa com mãos firmes pode-se esperar teimosia e capacidade de resistência.

A pele das mãos está essencialmente relacionada com a sensibilidade das pessoas, especialmente no que se refere à cor. Possíveis vermelhidões, descascamentos e manchas escuras são sinais de distúrbios que se relacionam com as áreas em que aparecem. Ao avaliar o lado externo das mãos, o analista presta muita atenção à qualidade da pele e aos pêlos que a recobrem. Também aí verá sinais que reforçam a impressão geral, ou então fazem estabelecer as diferenças. As características da pele podem demonstrar, em cada caso, as peculiaridades temperamentais da pessoa. Dessa forma, associa-se a pele firme, com aparência de couro, com tenacidade e sangue-frio, ao passo que à pele fina atribui-se delicadeza e nobreza de caráter. Da mesma forma são avaliados os pêlos que recobrem as costas das mãos. Os pêlos simbolizam o elemento masculino – que tanto mais aparece quanto maior for a sua quantidade. Ao contrário, o princípio feminino terá maior força quanto menos pêlos nascerem nas costas das mãos.

Observando o tamanho das mãos, o analista tem mais uma possibilidade de analisar os traços da pessoa que está diante dele. Numa mão grande demais se expressa um excesso de força de percepção. A pessoa com esse tipo de mão parece literalmente querer sorver a vida e, pela sua capacidade de percepção bastante grande, corre o risco de se ver "contando ervilhas", perdendo-se em detalhes pelo fato de querer abarcar logo o todo. Ao contrário, a capacidade de percepção de uma pessoa com mãos pequenas é mais concentrada. Ela não tem dificuldade para captar o essencial e, assim, obter um quadro do todo. Por outro lado, esse traço favorece a carência de fluidez e de precisão nos julgamentos.

As articulações das mãos serão analisadas mais extensamente no capítulo sobre a análise dos dedos, que são importantes para a avaliação dos fenômenos da parte externa das mãos. Para fazer essa análise, o analista pede que o analisado feche as mãos – tornando as articulações proeminentes em vários graus (figura 7).

Nas crianças, as articulações ainda não estão integradas no tronco das mãos, e é por isso que as pessoas cujas articulações são pouco salientes têm um quê de infantilidade. São espontâneas, fáceis de contentar e não são capazes de fazer julgamentos muito acurados. As pessoas com articulações bem marcadas, ao contrário, têm as características opostas. Seus julgamentos são criteriosos; são circunspectas e, em caso de dúvida, dão preferência à ordem em vez de a uma eventual liberdade de ação.

A última possibilidade de captar globalmente a parte externa das mãos, oferecida por este capítulo, leva imediatamente o analista à leitura de mãos propriamente dita. Pois, na determinação da conformação do contorno das mãos, o analista não recorre mais às correlações simbólicas; ele apela muito mais para os conhecimentos seculares da quirologia.

O contorno das mãos é formado por três montes: o da Lua, o de Marte e o de Mercúrio, os quais serão analisados mais profundamente em outro capítulo. Conforme o local em que há mais saliência no contorno das mãos e dependendo de como a pessoa se aproxima da sua essência, as características do respectivo monte revelarão seu potencial de comunicação com o mundo exterior. Trata-se do âmbito da vida em que se procura no semelhante a nossa complementação. Se o ponto mais proeminente estiver na parte inferior da mão, ele será regido pela Lua. O motivo da dedicação mais profunda dessa pessoa ao semelhante está no que é fantástico

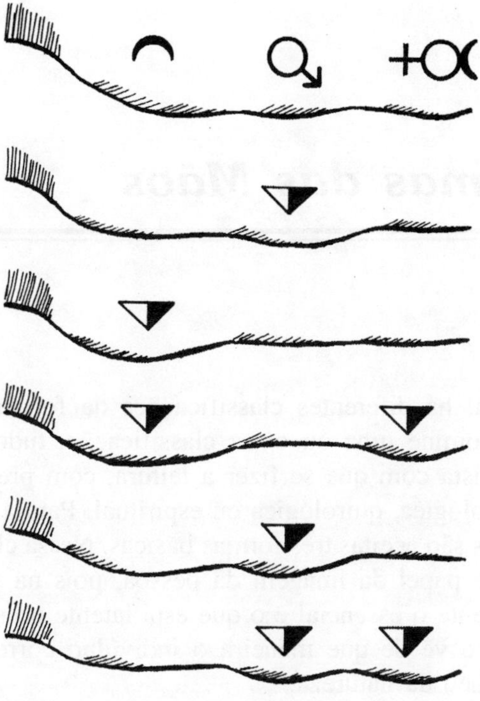

Figura 7

e místico. Se a saliência do contorno externo da mão estiver no centro, a pessoa buscará o contato com os outros no plano prático. Mas se a saliência máxima ocorrer perto da articulação do dedo mínimo, os relacionamentos serão de ordem espiritual. Se se tratar, em última análise, de uma ligação espiritual com os outros, ela só poderá ser interpretada pelos outros sinais encontrados nas mãos.

O contorno das mãos de muitas pessoas é marcado por duas saliências. Nesse caso, o analista não deve enfatizar uma delas, mas analisá-las em conjunto.

As Formas das Mãos

Na quirologia, há diferentes classificações de formas de mãos. Para que predomine uma ou outra classificação, tudo dependerá do ponto de vista com que se fizer a leitura, com predominância da ênfase psicológica, quirológica ou espiritual. Para a leitura esotérica das mãos são aceitas três formas básicas. Nessa classificação, é importante o papel da imagem da pessoa, pois na mão não se revela unicamente o essencial e o que está latente no ser humano, mas também se vê de que maneira o indivíduo corresponde aos dons que recebeu da natureza.

Até parece que é através da forma das mãos que o rumo para a essência é mostrado à pessoa; é através da mão que ela pode ultrapassar a si mesma. Na forma do contorno das mãos, bem como no aspecto das palmas e no formato dos pulsos mostra-se a força elementar com que a pessoa aborda a vida.

Assim, portanto, o leitor esotérico de mãos distingue entre três formas de mãos. Em primeiro lugar, há a mão angulosa, cujo elemento é a Terra; em segundo, a mão espatulada, cujo símbolo é o Fogo; o terceiro tipo é a mão cônica, que é ligada ao elemento Água.

Essas formas de mãos não se modificam essencialmente durante a vida. Mas pode acontecer que o caráter do formato da mão se modifique e pareça personificar um outro elemento graças às camadas de gordura, à ossificação ou à perda de peso; no entanto, esse fato não escapa ao exame do analista competente, e no mínimo enriquecerá a sua análise. As características básicas não são anuladas, ou seja, o essencial continua sendo essencial e não assume outra forma nessa pessoa. Através da forma das mãos, o ser humano é, de certa maneira, colocado em seu lugar, na medida em que se diz: "Você pertence a este tipo e é deste tipo que será o seu caminho; e só deste modo você será capaz de vencer."

O julgamento quanto a que categoria pertence uma determinada mão será obtido de acordo com o seu formato exterior. Para esse julgamento, é de relevância o peso entre os dedos e o tronco da mão. Se o tronco pesar mais, o ponto de gravidade da pessoa está no âmbito material, ou seja, o seu modo de lidar com a vida envolve luta com as necessidades terrenas básicas. No caso de dedos muito longos, a atenção das exigências da vida volta-se para o âmbito espiritual. Até que ponto isso é bom, é revelado por outros sinais das mãos. Só a assinatura completa da mão permite verificar se uma mão proporcional também significa harmonia ou se por trás dela se oculta uma maior intranqüilidade e um temperamento irrequieto.

A mão angulosa

No caso da mão angulosa (figura 8), o seu formato é reconhecivelmente achatado, quase quadrado, muitas vezes formando um ângulo reto. Os dedos são paralelos uns aos outros e cada um por si aponta para a dimensão do espaço.

Compreender esse tipo de mão nos fará concluir que a pessoa entende o mundo como algo a organizar; por isso, ela sente necessidade de tomar parte na sua organização. Ela considera o seu espaço vital como uma ramificação de outro espaço maior, especialmente dominante. A si mesma ela vê como uma força atuante colateral, tentando dominar o centro do espaço que percebe, ou

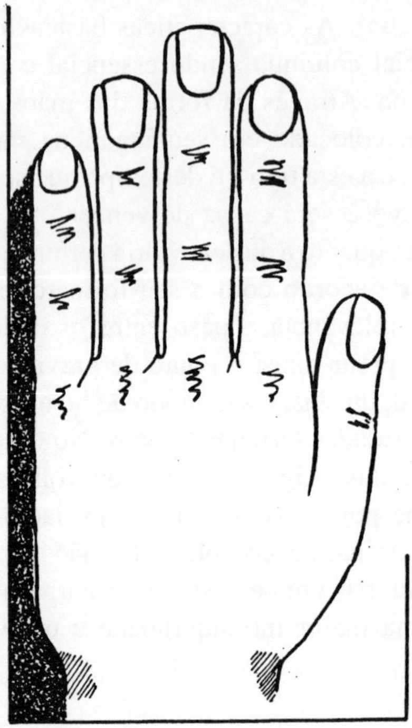

Figura 8

pelo menos aproximar-se dele. No entanto, sua influência sobre esse espaço não significa uma ação *per se* – trata-se muito mais de uma reação. Essa pessoa está para se tornar criativa e organizadora, dependente sobremaneira das manifestações do seu meio ambiente. Apesar disso, suas reações são completamente pessoais. Ela não foge aos problemas materiais da vida e parece estar necessariamente ligada a eles. Seus traços característicos são a persistência e a confiabilidade, sendo pressupostos para que sua autoridade seja respeitada. E assim, com toda a naturalidade com que essa pessoa sente o ambiente que a cerca como um objeto que se lhe revela e a influencia para que como sujeito possa atuar sobre ele, com a mesma naturalidade ela entra em contato com o que sente objetivamente no âmbito espiritual. E da forma como conhece a sua força criativa no plano material, da mesma forma ela reconhece a impossibilidade de criar. Essa pessoa então se torna a parte que percebe o mundo e tem paciência. Mas, ao mesmo tempo, ela se considera um sujeito que se relaciona com o mundo, embora continue sendo a contraparte do mundo objetivo, pois somente no relacionamento consigo mesmo o outro se torna real. Em suas últimas conseqüências, o ser humano constata esse fato como uma bênção. Então sente-se bafejado pelo divino que, por sua vez, nele encontra o seu significado.

A mão espatulada

A mão espatulada se abre suavemente para cima como uma taça (figura 9). Em forma de trapézio, a mão se apóia no pulso com sua base rejuvenescedora. Os dedos apontam para o espaço em forma de leque.

Essa mão atua como um recipiente com a qual a pessoa tenta captar a vida. Em contraste com uma pessoa com mão angulosa, esta tem força de iniciativa. Ela se considera uma força receptiva, voltada tensamente para a vida. Para ela, o outro é algo simpático, submisso à sua forma. Dificilmente ela aceita um diálogo, mas, quando isso acontece, toma-o como objeto da sua dedicação. E na reação do outro às suas investidas, quer seja de natureza positiva quer negativa, ela se valoriza. Sua força só é alimentada pelas forças vitais que fluem desimpedidas e se desdobram a partir do pulso. Uma pessoa com esse tipo de mão considera sua atuação material uma mera fase transitória para experiências mais elevadas. Como atua no mundo de forma criativa, também tenta alcançar o

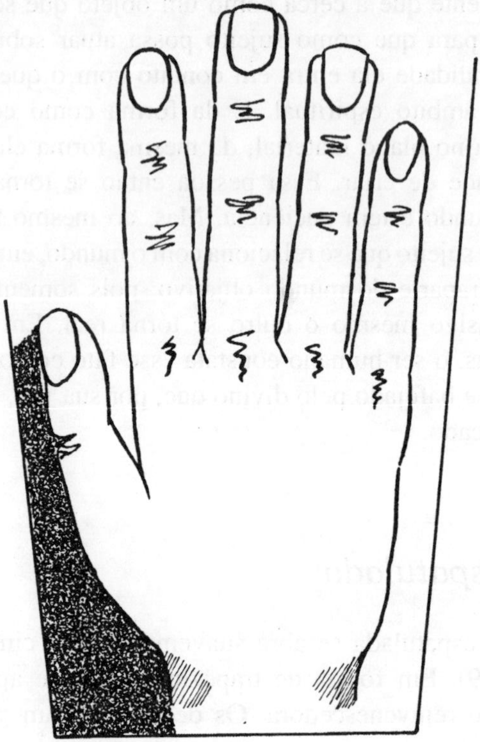

Figura 9

céu apoderando-se de algo que não conhece com os sentidos. E assim como precisam ser-lhe impostas certas limitações no mundo material a fim de que possa se encontrar no plano espiritual, ela tem de "pegar no vazio" para que possa chegar à compreensão da sua verdadeira natureza. Muitas pessoas com mãos espatuladas não encontram o caminho para o interior de si mesmas. Então ficam inquietas, repletas da vontade de serem abordadas, embora apressadas demais para ouvir quando alguém se aproxima delas. Afinal, abrir simplesmente a mão e permitir que o espaço atue sobre elas é difícil demais para elas, visto que isso contradiz frontalmente com sua natureza básica. Mas, se têm sucesso, precisam ficar muito atentas para não serem enganadas pelos sonhos que projetam no espaço como um reflexo de si mesmas.

A mão cônica

O contorno da mão cônica (figura 10) se afila no sentido dos dedos. Estes, por sua vez – se se pudesse alongá-los no espaço –, apontam um ponto que fica à distância de um palmo do seu alcance.

Assim como os dedos dessa mão parecem indicar um ponto acima deles, de certa forma fazendo parecer imanente o seu desejo de transcendência, a pessoa com esse tipo de mão parece estar mais perto do Incomensurável do que as outras. Seja como for, ela considera o caminho espiritual mais natural do que a trabalhosa sobrevivência física. Não gosta de brigas, das quais prefere fugir, pois só participa delas com alguma resistência. Sente-se melhor nadando na correnteza dos acontecimentos, determinando o rumo com movimentos leves, que não causam perturbação. De preferência, se deterá na praia em que as exigências do mundo lhe parecerem mais suportáveis. Tais pessoas necessitam de habilidades diplomáticas para sobreviver e elas parecem receber também todos os talentos necessários para tanto. Mesmo que não participem de forma agressiva e criativa no seu espaço vital, de qualquer modo dispõem-se a prestar-lhe atenção. Descontraídas, seguem os movimentos para interferir na hora certa. Portanto, a paciência é um dos seus traços mais marcantes. Uma pessoa com mão cônica também reage com a sensibilidade de um sismógrafo aos desenvolvimentos da vida. E muitas pessoas com esse tipo de mão sabem esperar com paciência, mantendo as vibrações, atentas às oportunidades favoráveis para poderem dar à vida uma nova direção.

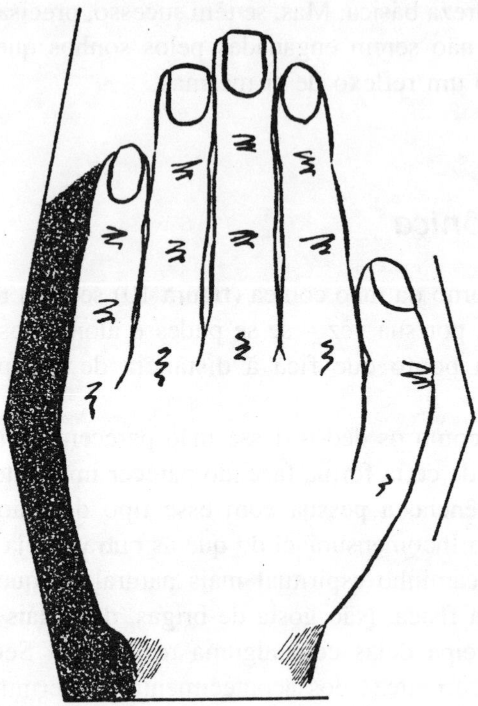

Figura 10

Se essas características deixam essas pessoas mais ou menos à margem da vida no que se refere ao plano material, elas lhes são favoráveis no plano espiritual, pois nele as características passivas do seu caráter tornam-se ativas. Essas pessoas são capazes de dedicação e podem abrir-se destemidamente diante do Inominável. Para elas, isso nada tem de extraordinário, pois sentem em si algo que sabem não pertencer à compreensão que têm do Ser. Seja como for, elas também correm o risco de, tomadas pelo anseio de transcendência, ficar sob o domínio de imagens transcendentes que criam e que talvez não passem de fantasias. Mas, ao que parece, corrigir isso não é mais possível, visto que a modéstia no plano material não implica humildade no plano espiritual.

A mão espiritual e a mão elementar

Para apoiar o julgamento do caráter do ser humano com base na forma das mãos, o analista também distingue entre duas outras formas de mãos. Trata-se da mão elementar, por um lado, e, por outro, da mão espiritual. Esta última se destaca principalmente por ser delicada e ter dedos longos e finos. Também é chamada de mão gótica por ser comumente retratada nos quadros daquela época.

Não é porque alguém tem uma mão espiritual que tenha de ser religiosa. Deste formato de mão se pode concluir que a pessoa acha natural abrir-se às esferas da espiritualidade. Para essa pessoa, o uso da mão para a capacidade de sobrevivência material ou para a dedicação à vida espiritual é algo natural; isso tudo o analista pode ver nos traços da palma das mãos. Seja como for, pessoas com esse tipo de mão têm os nervos à flor da pele e são muito sensíveis. Tendem a ter valores absolutos e a colocar as ilusões acima da realidade.

A mão elementar mostra exatamente o contrário da mão gótica. É de natureza mais forte e firme. Quem tem esse tipo de mão finca os pés na realidade do mundo. Tem uma coragem prática, destinada à realização de coisas práticas. Tanto quanto uma pessoa com mão espiritual, também esta pessoa pode dedicar-se à vida religiosa. Se fizer isso, sua experiência espiritual na maioria das vezes não apresentará problemas, pois seu acesso à transcendência parte do ventre e não do cérebro. Devido à sua intensa vitalidade, essa pessoa também é mais impulsiva e sua sensibilidade, embora penetrante, é um tanto mais grosseira.

A divisão em mão elementar ou espiritual é feita inicialmente pela forma das mãos. A avaliação dos dedos e do contorno das mãos aprimora a imagem que se tem da sua silhueta. E os contornos adicionais da situação da forma complementam essa imagem. Em todo o caso, as características descritas – tanto no formato da mão como em suas condições – representam uma moldura para a descrição da pessoa a ser considerada pelo analista. Só então se poderá ver se a moldura ilumina o quadro, perfazendo com ele uma unidade harmônica, ou se o quadro está em desacordo com ela.

Mão esquerda e mão direita

Nem sempre a forma da mão esquerda se assemelha à da direita. Portanto, a mão esquerda pode ser espatulada e a direita ter a forma cônica. Todas as outras combinações também são possíveis e aparecem na vida real.

Essas diferenças mostram uma pessoa em que a sensibilidade e a constituição psíquica são diferentes do que ela expressa em suas ações. Para essa pessoa, há uma diferença nítida entre o interior e o exterior. Essa duplicidade, no entanto, não é pretendida por ela, mas inerente a ela. Donde se pode concluir que seu desenvolvimento espiritual tem outra forma além da sua afirmação material. Os planos espiritual e profano não estão de acordo. Isso pode levar a pessoa a se sentir intimamente destruída. Logo, ou a habilidade para resolver a vida material se contrapõe a um sofrimento anímico, ou a interioridade muito rica sofre o contraste da falta de dedicação ao que é terreno. Seja como for, as duas formas contrastantes de mão também podem se complementar harmoniosamente, como acontece no caso de a mão esquerda ser cônica e a direita angular. Muitas vezes a indefinição de pessoas com dois tipos de mão não é sentida na vida interior, mas na exterior. Muitas vezes a pessoa se sente incompreendida pelo mundo. Isso acontece porque os outros julgam as suas ações e não vêem sua vida interior.

Assim como as pessoas que têm mãos de formatos iguais, também as que têm a mão direita e a esquerda diferentes expressam nelas a sua essência. No primeiro caso, como última conseqüência, temos a ação total do karma, visível em ambas as mãos; pessoas cujas mãos têm formas diferentes podem sofrer uma interrupção na liberação do karma. Então é possível que uma pessoa assim tenha a possibilidade de resolver o seu débito kármico com as aptidões que lhe foram conferidas, mas não consegue passar pela cadeia de acontecimentos da Lei de Causa e Efeito no plano material. Também podemos pensar no caso contrário. Talvez nisso se encontre uma explicação para o *samadhi* e o *satori*, dois degraus diferentes da iluminação.

A mão mista

Nem sempre é muito fácil determinar a forma do contorno da mão sem deixar dúvidas. Afinal, há uma quantidade de mãos que apresentam componentes de forma diversos. Assim, por exemplo, uma mão pode ter o contorno espatulado, enquanto os dedos são cônicos. Nesses casos, a interpretação pode se diferenciar ainda mais. A forma do contorno da mão corresponde à expressão do caráter da pessoa no mundo terreno, e a forma dos dedos, à sua manifestação no mundo espiritual.

Na mão esquerda, essa forma mista significa que a pessoa percebe o mundo de duas maneiras. A sensibilidade material psíquica é determinada pela forma do contorno da mão, ao passo que as impressões espirituais são definidas pelo contorno dos quatro dedos mais longos. O plano espiritual revela, na forma do contorno da mão, como deveríamos manifestar os nossos talentos na vida mundana; e a forma dos dedos mostra de que maneira estabeleceremos contato com a transcendência distante do ser. Então uma pessoa, com o tipo de mão que exemplificaremos, se esforçará para obter o reconhecimento dos seus talentos no plano material, enquanto ao mesmo tempo se aproximará da transcendência em si mesma através da dedicação altruísta.

Na mão direita, a forma mista expressa, ao contrário, através do contorno da mão, o modo como alguém atua no seu espaço vital e como usa seus talentos. A forma dos quatro dedos dá informação sobre a maneira pela qual a pessoa se aproxima do plano material, do seu meio ambiente, e como reage a ele. Assim, para dar seqüência ao exemplo, alguém com contorno espatulado de mão e forma cônica dos quatro dedos desejará modelar a vida ao seu modo e, por outro lado, procurará captar correntes subjacentes a fim de, paulatinamente, adaptar-se a elas com bastante sensibilidade.

Os pulsos

As características dos pulsos (figura 11) são semelhantes às características dos montes das mãos, que serão descritos no próximo capítulo. Assim como os montes das mãos, os pulsos abrigam um considerável potencial de energias. No entanto, conquanto seja possível à pessoa usar as energias que lhe foram conferidas pelos montes, quer em realizações orientadas pelo seu ego quer usando seus talentos naturais, não é possível fazer o mesmo com as forças adormecidas nos pulsos. Trata-se de energias impulsivas e primordiais, que das profundezas jorram sobre todos os seres humanos como um direito comum de nascimento.

Essas forças em geral não se elevam muito, pois estão presas ao espaço que circunda a Terra. Do ponto de vista espiritual, correspondem a uma força lemuriana, que de modo difuso carrega imagens arquetípicas. Quanto mais forte e volumoso for o pulso, quanto mais proeminente for a articulação da mão, tanto maior a força com que as energias impulsivas naturais e elementares da Terra poderão influenciar as pessoas e reavivar na sombra do subconsciente um mundo de quadros impressionantes. Visto tratar-se

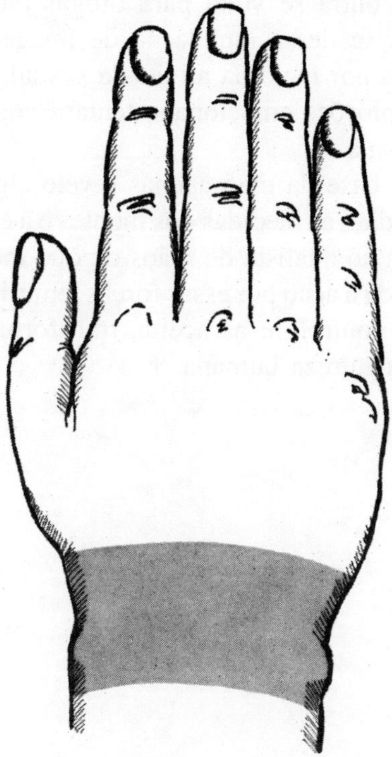

Figura 11

de forças fomentadas pelo eu, embora não influenciáveis pelo ego, a pessoa poderá integrá-las na sua personalidade e assim, de certa forma, controlá-las, ou então poderá tentar prendê-las em suas raízes.

Essa tentativa, porém, na maioria das vezes é destituída de êxito. Conforme o caso, essas forças instintivas rompem o dique que as contêm e tomam conta da pessoa. E cada ser humano reagirá de forma diferente a esses surtos emocionais causados pela revolução dessas forças. Uma pessoa pode ser vítima de uma profunda depressão, enquanto outra se volta para drogas alucinógenas a fim de tentar apoderar-se dessa inundação de imagens. Uma terceira tentará canalizá-las por meio da atividade sexual, ou então, depois de verdadeiras explosões emocionais, tentará voltar a recuperar o domínio de si mesma.

Conquanto a base da mão apenas revele algo da intensidade dessa força primordial, as medidas dos montes e a energia canalizada nas linhas revelam ao analista de mãos de que modo a pessoa que ele atende é impelida à ação por essas forças lemurianas; ou mostram se essa pessoa as controla e as aceita, transformando-as na força edificante da sua natureza humana.

Os Montes das Mãos

Com a análise dos montes das mãos (figura 12), o analista passa à contemplação do interior das mãos. Os montes são as elevações carnudas e a seqüência perceptível de músculos na palma das mãos.

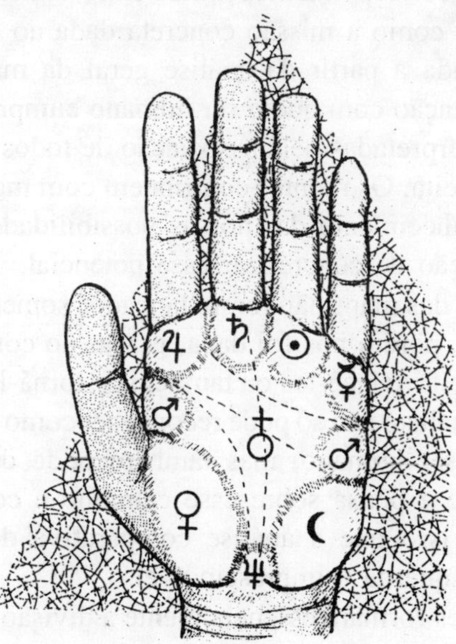

Figura 12

A palma das mãos simboliza o plano das coisas materiais. Ela mostra a forma como o ser humano entra em ação nesse plano.

De certo modo, os montes das mãos simbolizam o portal por onde o ser humano aborda o espaço vital que é da sua responsabilidade nesta vida. Por um lado, os montes expressam originalmente a essência humana; por outro lado, a forma e a medida dos montes também estão impregnadas pelas nossas ações e vivências. Eles não só representam o tesouro dos talentos inatos, mas também favorecem a importante capacidade de, como seres humanos, termos de reconhecer a nossa missão e de concretizá-la no mundo. Conscientizar-se dessa capacidade deve ser compreendido aqui em seu duplo sentido: em primeiro lugar, a percepção intuitiva de nossos talentos e, em segundo, a humildade comovente de fazermos justiça à nossa missão. O analista ainda pode descobrir a nossa coragem para obter autoconhecimento e a nossa disposição de entrega através das medidas e da correspondência mútua entre os montes das mãos.

No entanto, como a missão concreta dada ao ser humano só pode ser conhecida a partir da análise geral da mão esquerda, a medida e a orientação com que o ser humano cumpre a sua missão só podem ser interpretadas pela associação de todos os sinais existentes na mão direita. Os montes contribuem com mais um aspecto, permitindo o conhecimento das nossas possibilidades potenciais e da nossa disposição de concretizar esse potencial.

Nos montes das mãos não foram lançados somente os alicerces das nossas ações, porém nos foi dada, graças ao controle humano, a possibilidade de fortalecê-los ou também de torná-los mais fracos. Sendo assim, o analista não só pode reconhecer como será o caminho de determinado ser humano, mas também pode descrever como essa pessoa sente e pensa sobre esse caminho e como fará a caminhada. É por isso que a análise comparativa dos montes das mãos direita e esquerda é imprescindível.

Esses montes formam essencialmente a divisão tríplice da palma das mãos. Por isso eles também mostram as origens (de onde viemos) e o futuro dos seres humanos (para onde vamos). Nos montes inferiores enraíza-se a natureza humana e eles abrigam as forças da auto-afirmação. É daí que fluem as energias através do plano da palma das mãos (plano terreno) para afinal nutrirem os montes logo abaixo dos dedos. Simultaneamente, as energias se irradiam dos montes de um dos lados da mão para as proeminências do outro lado, dando dessa maneira direcionamento e expressão individual às ações humanas.

Nos montes dos dedos concentra-se outra vez a energia usada na ação como sensibilidade anímica. Daí, parte dessa força volta ao plano da Terra e movimenta a Roda da Causa e Efeito. A outra parte continua a ascender pelos dedos para, possivelmente, permitir que o ser humano perceba o seu derradeiro objetivo, ou seja, transcender seu aprisionamento em relação ao ego.

Finalmente, os montes das mãos revelam uma topografia da divisão das nossas forças essenciais, da nossa capacidade de tomar consciência delas e de ativá-las no nosso espaço vital por tê-las compreendido convenientemente. É assim que se pode observar o relevo diferente de montes isolados tanto na mão esquerda quanto na direita.

Na descrição dos montes que segue, classificamos a sua altura para a avaliação de certas características. No todo, há três formatos a considerar: montes chatos, salientes e altos. Dizemos que um monte é saliente quando ele está normalmente desenvolvido; dizemos que é alto quando for visivelmente mais alto do que os outros; e que é achatado se for pouco desenvolvido. Os sinais característicos atribuídos a cada monte não devem ser entendidos como demonstrações evidentes. Só teremos a comprovação deles quando todos os outros sinais da mão apontarem para a mesma conclusão.

O Monte de Vênus

O Monte de Vênus fica situado na base da terceira articulação do dedo polegar. Assim, é transversal à palma da mão, além de ficar intimamente ligado ao Pequeno Monte de Marte. Ambos os montes situam-se dentro dos limites da Linha da Vida.

O Monte de Vênus é o centro da energia vital. Ele não só alimenta a personalidade egocêntrica que se revela no polegar, mas também irradia a força sexual criadora de vida. Ele simboliza a força da natureza indomável. A energia nele concentrada obriga-nos, como seres humanos, à auto-afirmação na luta pela sobrevivência. Essa energia nos obriga a lidar com o nosso espaço vital. Através dela, somos levados pelos nossos instintos a encontrar um lugar adequado para nos afirmarmos e nos defendermos dos embates da vida. Ela nos leva a nos submeter à força que predomina sobre todas as outras, àquilo que é a nossa essência expressa através do corpo, o manancial da nossa condição humana, que temos de preservar como expressão espaço-temporal. É por isso que a substância material dessa energia se transforma na personalidade consciente do ego, na força sexual e, por fim, no altruísmo.

No seu significado corriqueiro, portanto, o Monte de Vênus transforma-se na imagem simbólica da sensação de identidade mesclada com o impulso vital. E justamente por nela estar enraizada a força do ego, nessa sensação não há espaço para uma reflexão autoconsciente. A sensação de si mesmo que se alimenta da energia vital não é uma sensação estática, mas algo que se pode concretizar em desenvolvimentos dinâmicos. Ao mesmo tempo, o Monte de Vênus é um manancial de ternura e de vida sensual física e sentimental, bem como de uma dedicação preocupada e viva.

Um Monte de Vênus com elevação *normal* revela um saudável equilíbrio da força vital que poderá se manifestar de várias maneiras. Uma pessoa com um monte assim descansa satisfeita em suas sensações pessoais e é considerada firme e confiável pelos outros. Sua vida amorosa é equilibrada e, observada do seu ponto de vista, livre de tensões. Sua atividade é de alegre despreocupação. Ela se relaciona de modo descontraído, mantendo distância natural em relação às pessoas.

Um Monte de Vênus *elevado* demais compara-se a uma fruta excessivamente madura. Uma abundância de energia vital faz com que a pessoa busque o equilíbrio que necessariamente encontra no plano físico. Ela se inclinará à libertinagem e é dada a todo tipo de satisfação física. Dito de uma forma um tanto grosseira, equivale à pessoa considerada sensual. Junto com o Monte de Vênus, também a consciência da própria identidade é desenvolvida demais e por isso há o risco de haver certa indiferença em relação aos seus semelhantes. Essa indiferença pode manifestar-se também através da cordialidade que, recebida pelos outros, como efeito retroativo talvez aumente o seu orgulho.

Em última análise, o modo como esse excesso de energia se expressa na pessoa e no seu espaço vital depende também do fato de essa energia alimentar outros planos – o que, na maioria das vezes, é algo positivo –, ou se ela gira mais ou menos em torno de si mesma, de tal modo que a pessoa dificilmente consegue se libertar da sensualidade que a prende à vida física.

Se o Monte de Vênus alto assemelha-se a uma fruta madura demais, o Monte de Vênus baixo fica parecendo uma maçã seca: por baixo da casca pode ser de nobre doçura, mas será difícil alguém querer comê-la. Uma pessoa com o Monte de Vênus achatado tem carência de manifestação de energia vital. Ela se mostra um tanto introvertida. Por certo, a espontaneidade não faz parte das suas qualidades. Para ela, prazeres físicos não significam muita coisa. Seu orgulho não é muito forte. Essa pessoa vive a certa distância da realidade. Na maioria dos casos, esse espaço vazio em que se move é interpretado pelos outros como insensibilidade afetiva.

Se um Monte de Vênus achatado demais alimenta visivelmente montes mais elevados, isso é indício de uma doentia medida de autonegação a favor das energias concentradas nas outras elevações da mão. Essas também são desperdiçadas como fogo de palha, uma vez que não lhes sobra suficiente energia vital. A autonegação dessa pessoa tem origem muitas vezes numa insuficiente consciência de identidade. Através da concentração da sua energia num outro plano da vida, essa pessoa tenta se afirmar. O reconhecimento obtido do mundo exterior torna-se então a energia retroativa que, por sua vez, alimenta o seu senso de dignidade pessoal. Só raramente um chamado de ordem espiritual é responsável por essa visível autonegação.

Além do mais, o Monte de Vênus é cortado por inúmeras linhas, tanto na transversal como no sentido do comprimento. São consideradas *linhas horizontais* as que correm da base do polegar para o centro da mão. Elas em geral acentuam as forças que se manifestam no Monte de Vênus, visto que sua posição igualmente horizontal corresponde à posição da palma da mão. As energias contidas nas linhas confirmam assim a sua presença. Elas fluem como uma fonte vitalizadora para o centro da mão a fim de se subdividirem a partir daí. Sobre um Monte de Vênus fraco demais, no entanto, essas linhas podem atuar de forma desvitalizante, porque na direção dos sentidos falta-lhes energia.

A atuação das *linhas verticais* é diferente. Elas correm ao comprido da superfície da mão, assemelhando-se a escadas de retenção que represam as forças vitais. É importante a sua localização no Monte de Vênus, verificando até que ponto elas o ultrapassam. Nas proximidades da base do polegar elas aprofundam, por exemplo, a capacidade de experiências sensuais. Porém, se ultrapassarem o Monte de Vênus e chegarem ao Pequeno Monte de Marte, as energias concentradas neste último não só se multiplicam como a vontade de agir se transforma numa experiência ditada pelo elevado senso de identidade. No âmbito inferior do Monte de Vênus, correspondente à superfície exterior do polegar, atuam as linhas verticais como diques em baixios. Só que elas não detêm o lodo, mas as sensações mágicas primordiais que se assemelham àquela sensação mágica que tínhamos quando éramos crianças, podendo ter contato com o meio ambiente sem nenhuma inibição. Quanto mais próximas umas das outras estiverem as linhas verticais, tanto maior será a capacidade de represarem a energia vital e de impedirem o seu desgaste indireto. O que no início é mera hesitação, perto da Linha da Vida atua como uma linha de medo, inibindo a vontade de agir do ser humano. Essas linhas atuam tanto mais intensamente quanto mais profundas e, portanto, elas bloqueiam mais visivelmente as linhas horizontais.

Uma rede de linhas horizontais e verticais da mesma espécie é interpretada de outro modo. Nesse caso, as forças se manifestam reciprocamente com tanta ênfase que atuam estruturando e apoiando a energia vital. Uma pessoa com esse desenho sobre o Monte de Vênus parece que pode usar a qualquer momento essas energias. Se, no entanto, essa rede de linhas for estreita, isso indicará um mecanismo excessivo de autocontrole, que será considerado opressivo pela pessoa. Um ser humano desse tipo sente que sua atuação sobre o meio ambiente está como que protegida por uma espécie de filtro.

O Monte da Lua

O Monte da Lua fica em frente ao Monte de Vênus, na parte inferior da palma da mão. Ele vai até a saída da Linha da Cabeça. Na maioria das vezes, ele passa sem limitação visível para o Grande Monte de Marte. Em muitas mãos, o Monte da Lua é cercado por uma bem desenhada Linha de Netuno.

Se no Monte de Vênus o ser humano se sente como alguém cercado pela luz da vida, ao escalar o Monte da Lua ele se sente levado ao lado noturno, em cujas sombras seus contornos se esvaem. Aqui não se trata mais da identificação restrita ao ego, porém de uma onda na grande correnteza da vida. A pessoa é uma em muitas. Ela sente mais do que a calorosa proteção maternal, pois dessa elevação o ser humano é admoestado: Você nos pertence. São as raízes do apego primordial à vida que o unem a esse monte. Através dele, a pessoa tem acesso ao inconsciente coletivo onde estão guardadas as imagens da origem do seu ser. Simultaneamente, essas imagens que descrevem a origem da nossa vida e de onde viemos proporcionam a distante sabedoria primordial que nos mostra para onde iremos. No Monte da Lua, portanto, vive a semente do intemporal, do qual se nutre a nossa essência humana. Aqui, prestando atenção à sua voz interior, o ser humano pode perceber em que ponto de evolução se encontra.

Mas justamente porque as energias surgem das sombras de um ponto tão incompreensivelmente distante, é difícil descrevê-las, pois é difícil explicá-las. E é exatamente por isso que existe o risco de elas se tornarem para nós meras quimeras. Por certo, essas enganosas imagens demoníacas não aparecem diretamente do Monte da Lua. Este apenas proporciona o éter, com o qual formamos as mais horrendas visagens por medo de perder os limites da nossa identidade: preferimos que as energias lunares que possuímos permaneçam ocultas de nós. Essas energias se opõem na polaridade dos montes de Vênus e da Lua. Depende da potência de um dos montes e de até que ponto ele atua através do eixo divisório o modo como influencia o outro monte, ou o modo como as forças se confrontam mutuamente. Mas não são só as imagens quiméricas do medo de dissolução do nosso eu material que surgem do Monte da Lua; ele é ao mesmo tempo o manancial da nossa fantasia. Por causa da nossa vontade de interpretar tudo o que é ameaçador e colocá-lo dentro do contexto, tornamos as imagens acessíveis e damos asas aos devaneios diurnos.

Mesmo que o Monte da Lua seja uma energia que nos leva à dissolução do ego, ele também é uma expressão da nossa essência. Apesar disso, se alguém quiser fugir à dimensão espaço-temporal, poderá presumir a existência de um outro mundo por trás da torrente superficial de imagens. É por isso que você desejará enxergar o que é que existe além da barulhenta agitação dessa sucessão de imagens. Para tanto, terminará tornando-se receptivo à energia lunar e nas profundezas da montanha vivenciará uma tranqüilidade solitária. Nessa solidão, ser-lhe-á revelado o que é arquetípico e os acontecimentos distantes se tornarão claros. Essa experiência mística, no entanto, não deve ser confundida com uma transformação do ser humano rumo à transcendência. À vista disso, a atenção às energias lunares de certa forma volta-se para o passado. O homem descobre as raízes de onde provém e, assim, pode intuir qual será o seu futuro; mas, em última análise, ele continua estaticamente preso ao plano terreno ainda informe. Saber se seria possível a alguém, finalmente, transformar o impulso da Lua e voltar-se para o Inominado é algo que só poderá ser intuído através da forma dos dedos.

Num Monte da Lua *saliente* concentra-se uma medida comum de energia. Uma pessoa com o Monte da Lua saliente não vive exatamente de fantasia, embora possuindo força suficiente de imaginação, sendo capaz de experiências de visualização de imagens. Sua força lunar na verdade apóia a sua capacidade de contemplação. Em momentos de contemplação, a seu modo tranqüilo, essa pessoa percebe a sua comunicação com o grande Todo por meio da parte mais descontraída da sua natureza. É por isso que ela tem a capacidade de se colocar na posição dos outros nas divergências do cotidiano, como se estivesse se olhando num espelho. Essa pessoa tem também a sensibilidade de avaliar de forma correta os estados de ânimo de seus semelhantes. Seu senso de participação no todo não permite que ela hesite, em cada caso, em defender ideais coletivos e em participar com satisfação da alegria geral.

Um Monte da Lua pode ser considerado *elevado* quando tiver mais ou menos a mesma altura que o Monte de Vênus. Uma pessoa voltada para a fantasia em geral revela isso nos sinais das mãos. Contudo, se alguém não souber como usar essa súbita torrente de imagens, poderá ser inundado por ela. Essas energias que querem se extravasar com intensidade precisam de elaboração consciente; caso contrário, podem ser vividas impulsivamente no plano dos sentidos. Isso, na maioria das vezes, provoca sérios danos à pessoa. Nesse caso, ela fica constantemente irritada e mergulhada num mau humor infantil, fazendo desse temperamento a válvula de escape para o excesso de energias lunares. No sentido positivo, um Monte da Lua elevado, junto com um Monte de Vênus também elevado, atua como um impulso sensível para a mudança; nesse caso existe o risco de essa energia por fim se cristalizar, porque a força de transformação se opõe demais à consecução dos objetivos visados.

Apesar de a força vital de uma pessoa assim ser duvidosa, ela aparenta ser preguiçosa se julgada exteriormente, embora interiormente viva sob tensão. Suas ações se resumem então a uma criativa válvula de escape. Se o Monte da Lua elevado se opuser a um Monte de Vênus achatado, as energias primordiais do lado lunar poderão ser sentidas como uma ameaça e também como falta de amor-próprio. Medos inexplicáveis e sentimentos de desamparo serão a conseqüência. O alívio só será encontrado, essencialmente, numa criativa utilização dessa energia. Além disso, a pessoa se sentirá obrigada a atuar num contexto social indefinido, como se fosse motivada a cuidar dos próprios interesses.

Um Monte da Lua achatado indica uma pessoa que opõe um rígido senso de realidade à sua falta de imaginação. Só tem prazer naquilo que reconhece como real: nada mais a interessa. Essa pessoa só conhecerá paixões avassaladoras através dos relatos alheios. Sua lucidez é sentida pelos outros como frieza de sentimentos. Afinal, essa lucidez se emparelha também com uma visível indiferença por todos os acontecimentos. Talvez isso se deva ao fato de ela ter dificuldade, como acontece com todo mundo, para se sentir como alguém que vive no espaço vital do mundo. Seus relacionamentos sociais dependem de um obrigatório padrão de valores "custos-utilidade-raciocínio". Quanto mais proeminente for o Monte de Vênus, no caso de um Monte da Lua achatado, tanto mais a sensação de identidade se tornará algo natural para ela. Esse senso de identidade gira ao redor de si mesmo, alimentando o amor-próprio que dá o apoio necessário a essa pessoa. Portanto, falta-lhe um sentimento semelhante à confiança original de estar protegida por um contexto maior de inter-relacionamentos. Sua identidade carece da necessária oposição, o que ela sente como um vazio interior.

O Monte de Netuno

Esse monte fica na raiz da mão entre o Monte de Vênus e o Monte da Lua. Na maioria das vezes, é separado do Monte de Vênus pela Linha da Vida, ao passo que a passagem para o Monte da Lua é direta. No plano terreno, esse monte termina no meio da mão.

O Monte de Netuno ainda tem outras descrições. Alguns analistas de mãos o chamam de Lugar da Origem, o que é bem apropriado para um aspecto importante das forças nele contidas. Afinal, ele esconde as forças da Tradição. Mas não são os fluxos de energia enraizados no arquetípico do Monte da Lua que formam o Monte de Netuno. Trata-se muito mais de uma força atuante a partir de um passado visível no presente. Essa força está intimamente associada ao ambiente social do qual a pessoa provém. São as tradições e os comportamentos que formam o caráter de uma criança, que, por atuarem sutilmente, são transmitidos de geração a geração sem muita análise.

O Local de Origem é ao mesmo tempo o Local de Partida, pois é dele que flui grande parte da energia vital no plano terreno, onde se ramifica conforme o destino. A direção para a qual jorra essa força vital criadora depende também de até que ponto ela é modificada pela força represada no Monte de Netuno. É aí que se decide se alguém formará o seu espaço vital da forma prevista e imposta pela tradição ou se conseguirá se livrar dela e descobrir formas próprias de expressão.

Além disso, no Monte de Netuno atua uma intensa força kármica. Linhas nítidas que se bloqueiam mutuamente sobre o Monte de Netuno significam que durante a infância e a juventude a pessoa foi intensamente manipulada. Essa manipulação não acontece só no âmbito da educação, pois a criança e o jovem, mais do que pelo empenho na educação, são condicionados pela vida social. Acontecimentos negativos e deprimentes influenciam o seu desenvolvimento muitas vezes de maneira duradoura, e isso se revela através das linhas bloqueadas no Monte de Netuno. Contudo, acontecimentos aparentemente positivos, como uma forte ligação com os pais, também podem ser restritivos, quando por trás do amor paterno existir um senso de dever. Muitas vezes essa limitação se mostra por uma cruz bem visível no Monte de Netuno. Quanto mais elevado for esse monte, tanto maior será o apego da pessoa à casa dos pais. No caso de gente jovem, isso é bem natural; mas em pessoas mais velhas muitas vezes o fato aponta para um processo de amadurecimento interrompido. Aquelas pessoas em que o Monte de Netuno apresenta uma elevação igual à existente entre os montes de Vênus e da Lua cortaram o cordão umbilical.

Mas o Monte de Netuno não está associado apenas aos vínculos de família e aos ancestrais. Nele também se pode ver a sensibilidade do analisado para o Espírito da Época e, com ele, um sentimento de *common sense* muito enraizado. Para tanto, o Monte de Netuno não deve ficar muito recuado a ponto de parecer um corte entre os montes vizinhos. Num Monte de Netuno proporcional à idade da pessoa existe, além disso, uma considerável quantidade de força de sugestão, que fica bem marcada por uma bela Linha de Apolo que surge nesse monte. Essa circunstância ainda se torna mais favorável se a Linha da Vida terminar com um ramo sobre o Monte de Netuno.

Finalmente, é preciso notar que um Monte de Netuno forte entre um Monte de Vênus elevado e um Monte da Lua achatado intensifica as energias primordiais de magia manifestadas na parte exterior do Monte de Vênus. Esse impulso mágico é comumente cultivado pela pessoa para aumentar a consciência de identidade, sendo também usado para o ramo da magia negra ao qual se dê preferência por considerá-lo mais eficaz.

Os dois montes de Marte

Temos dois montes de Marte, o Pequeno e o Grande. Ambos os montes de Marte limitam o plano terreno. O Pequeno Monte de Marte fica por cima da base do polegar sobre o Monte de Vênus e é cercado pela Linha da Vida. O Grande Monte de Marte fica em frente, no ângulo da mão. Suas linhas limítrofes, para baixo e para cima, são a Linha da Cabeça e a do Coração.

Na divisão horizontal da mão, a zona em que ficam os dois montes de Marte corresponde à Zona da Ação. Portanto, em ambos os montes de Marte repousam as energias dominantes nessa zona. Não se trata de forças de pressão, impulsionadoras, como as dos montes que ficam abaixo.

Os montes de Marte simbolizam o ser humano que se tornou consciente de si mesmo, que age no seu espaço vital depois de raciocinar. Nesse caso, o ser humano não quer apenas estar presente; ele quer demonstrar a qualidade da sua presença no mundo. As forças vitais que usa na batalha pela sobrevivência querem ser moldadas de acordo com os talentos usados no cumprimento da sua missão essencial, de tal modo que se dá às coisas mundanas a atenção que possibilita o desenvolvimento, inclusive no plano espiritual. Nos montes de Marte está o potencial de uma pessoa que usa objetivamente a sua força para se tornar consciente de suas aptidões, avaliar as reações às suas ações e também saber colaborar com os seus semelhantes. Aqui se trata, sempre, de uma energia materialmente condicionada que não está mais submetida a uma natureza indomável, mas é controlada pela razão.

Na interpretação das mãos, os dois montes de Marte têm de ser analisados como uma unidade, visto que estão num inter-relacionamento causal. As forças neles contidas estão quase que em comunicação recíproca. Elas fluem de um para o outro, se fortalecem, embora também possam se neutralizar reciprocamente. Não são só as coisas elevadas que os montes de Marte influenciam, mas também o plano terreno que fica entre eles. As forças de Marte são também o canal pelo qual essas forças se comunicam.

O *Pequeno Monte de Marte*, devido ao fato de estar próximo ao centro da força vital, é o que impulsiona a força de vontade humana. Dele jorra o impulso para a ação através do triângulo da palma das mãos, na parte inferior do plano terreno, subindo até o quadrado da palma da mão no Grande Monte de Marte. Através da Linha da Cabeça, manifesta-se esse impulso como a sede do conhecimento que, em seu efeito retroativo, alimenta o senso de auto-estima.

Um Pequeno Monte de Marte *saliente* pertence a uma pessoa que age sinceramente no intuito de defender seus objetivos com natural auto-segurança, visto que eles parecem estar dentro de suas possibilidades de ação. É desse fato que ela tira a força para, se preciso, lutar pela sobrevivência. Apesar disso, essa pessoa não é nenhum "galo de briga", sendo capaz de fazer concessões, além de saber reconhecer quando os argumentos do adversário são melhores do que os seus. No âmago do seu coração, ela prefere cooperar com os seus semelhantes em vez de ser um lutador isolado, embora não pretenda negar seus princípios ao fazer isso.

Se o Pequeno Monte de Marte for *elevado*, a necessidade compulsiva de ação é mais forte, a ponto de se tornar nociva. Isso acontece principalmente porque uma pessoa com esse sinal característico nas mãos avalia freqüentemente muito mal suas capacidades. Ela alimenta fantasias de poder e isso lhe dá uma falsa segurança no que se refere ao êxito de seus planos. Ao fitar os olhos num objetivo qualquer, seus planos fracassam, um depois do outro. Vista de fora, essa pessoa parece alguém que, ao fixar um prego para pendurar um quadro na parede, acaba fazendo um rombo enorme. Uma pessoa assim é tão autoconfiante que dificilmente encontra prazer em trabalhos de equipe. Não só para a sua tranqüilidade interior, mas também para que os outros a aceitem é importante que o seu impulso de ação mostre resultados palpáveis e que ela possa gastar sua energia com eles. Caso contrário, é bem possível que use o excesso de energia marcial de maneira agressiva.

Pessoas sem força de vontade, pessoas preguiçosas, têm em geral um Pequeno Monte de Marte *achatado*. Essa gente bem que gostaria também de pôr as coisas em ação, mas o mero estabelecimento de objetivos já as faz perder a coragem. Isso não se deve unicamente à falta de autoconfiança, mas também à pequena autoestima e à má avaliação das próprias aptidões. Uma pessoa assim tende a se impor com demasiada força sobre o espaço vital e, por falta de uma reação pronta, logo desiste do seu intento. E dessa maneira se sucedem continuamente as iniciativas e a interrupção de planos. É compreensível quando essa pessoa transforma a necessidade numa virtude e declara que atingiu a meta logo que conquistou uma etapa na obtenção do que deseja. Sua dependência da atuação de um grupo prende-se ao medo do fracasso. Esse medo, por sua vez, deixa-a à margem dos negócios, num empreendimento de ordem coletiva. Para disfarçar a própria limitação, ela condena a força de ação dos outros, muitas vezes com um sarcasmo maldoso.

O impulso para agir que parte do Pequeno Monte de Marte é captado pelo Grande Monte de Marte como um sinal para a ação. É aí que se localiza a capacidade de avaliar objetivamente o desejo subjetivo. Esse monte também libera as energias necessárias para o desenvolvimento de estratégias e para levá-las a cabo. Pressionado pela razão da Linha da Cabeça e pelo sentimento da Linha do Coração, nele pulsam as energias que buscam uma manifestação, que por si mesmas procuram a contradição do pólo oposto. Essa energia se diferencia do egocêntrico impulso agressivo para a ação do Pequeno Monte de Marte, em especial pelo fato de, aparentemente, exigirem dos homens o que pediram objetivamente.

Visto tratar-se de uma força predominantemente reativa, o impulso contido no Pequeno Monte de Marte se transforma no necessário contraste que ela então tenta modificar para continuar válida também num contexto mais amplo. Assim, as forças de Marte se completam: a energia independente e borbulhante do Pequeno Monte de Marte e a força do Grande Monte de Marte influenciada pela proximidade da Lua. Afinal, no Grande Monte de Marte também está contido o potencial de força com que o ser humano pode evitar influências desagradáveis. Por outro lado, essa proeminência também oculta a capacidade de ele receber em si as energias necessárias à vida.

Um ser humano com um Grande Monte de Marte *saliente* nas mãos gosta de participar da luta competitiva com os outros. A simples comprovação dessa luta é, para ele, a constatação do valor objetivo de suas ações. Seu sucesso nesse tipo de competições confirma sua auto-segurança, enquanto eventuais derrotas servem para ele modificar suas estratégias. Para essa pessoa, uma competição equivale a uma luta de vida ou morte, pois a medida de sua influência sobre os outros é uma ampliação necessária da sua identidade. Nela está o sinal qualitativo do seu aspecto. Características de apoio são a presença de espírito, a descontração, o autocontrole e a dosagem correta de coragem e cautela. Para finalizar, temos de mencionar a capacidade de dedicação dessa pessoa, capacidade que também a ajuda na luta pela sobrevivência. Ela permite que a pessoa perceba quais são os motivos dos outros, de tal forma que também pode avaliar o efeito que suas ações terão sobre os seus semelhantes.

As energias agressivas predominam num Grande Monte de Marte *elevado demais*. Uma pessoa com o Monte de Marte assim não se preocupa em atingir um objetivo – ela se considera a medida de todas as coisas. Para ela, a luta competitiva não serve mais para medir forças com pessoas de igual valor; serve, antes, para ela demonstrar e provar o seu domínio sobre os outros. Repleta de espírito de luta, ela persegue com o necessário sangue-frio o seu propósito. Na aparência, na maioria das vezes, é considerada uma pessoa briguenta, tirânica.

Uma pessoa com um Grande Monte de Marte *achatado* tende a aceitar que os outros tomem decisões por ela, em vez de confiar na própria capacidade de decisão e de sobrevivência. Ela também teme ter de se defender na luta pela vida, visto que o que ela quer não tem forma muito concreta. Por si mesma, ela apenas imagina o que quer, e numa luta mais material perderá se se tratar de uma competição de comparação de forças. A falta das forças de Marte faz com que os impulsos do Pequeno Monte de Marte se transformem num querer imaginário – a influência poderosa do Monte da Lua age, fazendo a pessoa escapar para mundos de sonho. Entretanto, falta-lhe o derradeiro amadurecimento; as exigências da realidade do seu espaço vital são neutralizadas por um comportamento infantil; às vezes, à maneira das crianças, ela bate o pé no chão, com raiva.

O Plano da Terra

Como Plano da Terra define-se a sinuosidade plana característica do centro da palma das mãos. Esse plano sai do Monte de Netuno, sobe pela Linha do Coração e é limitado lateralmente pela Linha da Vida, por um lado, e pela Linha de Mercúrio, por outro, bem como pelos montes da Lua e de Marte.

O Plano da Terra não é um monte; no entanto, falamos sobre ele neste capítulo, pois ele deve ser interpretado em ligação íntima com os montes. Devido ao fato de estar cercado literalmente pelos montes, através dele fluem todas as energias que não trocam diretamente de lugar de monte para monte. É por isso que o Plano da Terra também é cortado por todas as linhas principais e atravessado por elas. Tudo isso aponta para o plano do elemento Terra como um local de encontro, de decisão e de ação. É ali que se forma o destino dos homens, é ali que se move a Roda da Fortuna kármica. Nele fica visível como uma pessoa lida materialmente com os desafios do seu espaço vital. Nele também se revela como o ser humano compreende a própria missão e de que forma manifesta e expressa o seu caráter essencial no mundo material. Para reconhecer isso, o analista de mãos deve olhar alternadamente para a mão esquerda e a direita, analisando não só a direção das linhas como também sua extensão e forma.

E como o Plano da Terra é reconhecidamente dividido em duas partes, a interpretação deve ser diferente para cada uma delas. A parte de baixo é chamada de o *Grande Triângulo*, enquanto a parte de cima é conhecida como o *Palácio da Audiência*.

O Grande Triângulo

Perto do Grande Triângulo (figura 13) ainda há um Pequeno Triângulo que fica dentro dos limites do Grande, ao qual, porém, a interpretação do quiromante atribui um importante papel. Por isso ele tem de ser mencionado. O Grande Triângulo é formado pelas linhas da Vida, da Cabeça e de Mercúrio. Por sua vez, essas linhas simbolizam três expressões elementares de vida das pessoas: a vitalidade, a *ratio* e a espiritualidade. Conquanto o Grande Triângulo fique totalmente ligado à vida material, ele também demonstra que as ações humanas não são meros atos instintivos, mas visam uma harmonia, que em seu aspecto derradeiro é vista como uma harmonia divina. E, assim, o analista de mãos procura por sinais do Grande Triângulo para ver se através de suas ações a pessoa consegue obter o equilíbrio interior. Com isso não se quer dizer que esse equilíbrio seja a mera satisfação da pessoa com o seu trabalho, mas se quer verificar até que ponto ele vibra em harmonia com a assim chamada essência natural.

Quanto maior for a semelhança do Grande Triângulo com um triângulo isósceles, tanto mais isso indica que a pessoa se esforça no sentido de agir de acordo com uma sadia harmonia interior. Nesse contexto, convém notar que no Grande Triângulo pulsa o ritmo da mão. E isso não só porque se trata do ponto do qual se irradia e se divide a força vital, mas também pelo fato de que nesse centro se torna visível a expressão direta dos homens no plano material. Afinal, esse fato tornou-se visível nos raros casos de estigmatização em que as chagas aparecem no Grande Triângulo das mãos. Através dos séculos, esse fenômeno tem-se repetido.

Enquanto a Linha da Cabeça e a Linha da Vida limitam o Triângulo em cima e embaixo, os limites laterais variam de pessoa para pessoa. Não são todas as mãos que apresentam uma Linha de Mercúrio fechando o Triângulo para o Monte da Lua. Mas nem todas as mãos têm uma Linha de Apolo ou de Saturno, que, nessa seqüência, pudesse completar o Triângulo. Nesse caso, acentua-se

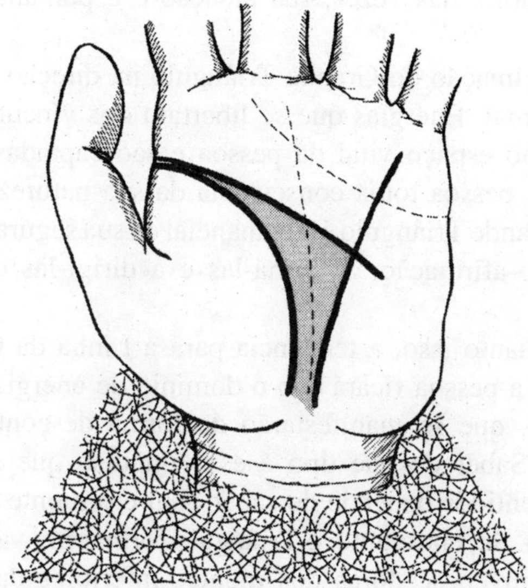

Figura 13

a influência do Monte da Lua. O aspecto espiritual da Linha de Mercúrio, o aspecto criativo da Linha de Apolo ou a praticidade da Linha de Saturno perdem peso como dominantes da ação. Em seu lugar, surge um comportamento que apresenta maior ou menor sensibilidade, e esse comportamento parece originar-se de um apoio interior. Em muitas mãos, as forças lunares podem dominar o Triângulo a tal ponto que se pode falar em disposição profética; principalmente quando não há ou só há linhas fracas que possam desviar essa energia no Triângulo.

Outro critério para a avaliação do Grande Triângulo é a sua formação. Um triângulo liso, com poucos sinais, pode possibilitar desimpedidamente o impulso de ação do Pequeno Monte de Marte na direção do Grande. Uma vez resolvida a agir, a pessoa não vê nenhum motivo para não se pôr imediatamente em ação. Desse modo, na maioria das vezes, sua atuação é espontânea e impressionante.

Uma inclinação do Grande Triângulo na direção da Linha da Cabeça é normal. Energias que se libertam dos vínculos materiais insinuam-se no espaço vital da pessoa e são captadas pela Linha da Cabeça. A pessoa toma consciência da sua natureza e começa, visto que o Grande Triângulo é o manancial da sua segurança material e da sua auto-afirmação, a formá-las e a dirigi-las com os seus sentidos.

Se, enquanto isso, a tendência para a Linha da Cabeça ficar forte demais, a pessoa ficará sob o domínio de energias ligadas ao plano terreno, que se manifestarão de forma descontroladamente ameaçadora. Saber de que tipo é esse impulso que se manifesta através dos sentidos depende de saber qual é o monte que controla a base da mão. Se, entretanto, o Triângulo formar um vale, a torrente das forças rejuvenescedoras dos montes inferiores das mãos será detida e, para ela, afirmar-se materialmente será difícil. Até para obter resultados, ainda que medíocres, a pessoa terá um dispêndio maior de energia.

Em muitas mãos, o Grande Triângulo é tão elevado que, literalmente, as forças elementares ligadas à natureza, por assim dizer, se potencializam. A pessoa, porém, não é subjugada por essas forças, sendo, no entanto, o seu impulso para a atividade enormemente intensificado, ao contrário dos que têm um Grande Triângulo fortemente inclinado. Muitas pessoas são bem-sucedidas em dar vazão a essa pressão através da atividade física; outras, todavia, acham que têm de reformar o mundo. Por certo, essas atividades, quer sejam do tipo esportivo quer de ordem intelectual, acabam sendo um objetivo em si mesmas, pois o impulso do Pequeno Monte de

Marte é absorvido pela densidade do Grande Triângulo e, portanto, não pode estimular a força de luta do Grande Monte de Marte.

O Palácio da Audiência

O Palácio da Audiência tem seu nome tirado da quiromancia chinesa, que com ele descreve suas características de forma mais aproximada do que o fazem os quiromantes do Ocidente, que o classificam no âmbito de Marte. O Palácio da Audiência é limitado pela Linha do Coração e pela Linha da Cabeça, bem como pelo Grande Monte de Marte no lado exterior da mão, e pelo acesso ao Monte de Júpiter, entre os dedos de Júpiter e de Saturno.

O Palácio da Audiência fecha o Plano da Terra. Nele se encontram todas as forças da mão, aquelas formadas no Triângulo, nos montes inferiores, e aquelas relutantemente formadas no Cinturão da Psique. Aqui, no Palácio da Audiência, a ação humana passa por outra prova e, com ela, por uma mudança, ou seja, uma transformação moral.

Uma corrente de energia que flui pela Linha do Coração e estimula o impulso para a ação proporciona às pessoas o julgamento crítico necessário de suas ações. Essa avaliação ética é ao mesmo tempo uma avaliação da aceitação pessoal das expectativas de ação objetivamente consideradas. As forças próximas à Terra, que tentam ascender dos montes inferiores da mão, passam através do Palácio da Audiência para os montes superiores, de onde estimulam a energia neles contida, o que por sua vez provoca um efeito retroativo no impulso de ação do Pequeno Monte de Marte, influenciando simultaneamente a reação do Grande Monte de Marte.

É muito difícil descrever o efeito isolado de uma força no Palácio da Audiência: em razão de lá se encontrar com todas as outras forças, ela não só forma essas forças, mas é ao mesmo tempo formada por elas. Através da múltipla influência das energias umas sobre as outras é que as ações e os sentimentos humanos ganham o seu caráter individual. No entanto, mesmo que seja difícil interpretar a qualidade da rede de energias no Palácio da Audiência – o que, em última análise, só é possível através do reconhecimento da mão como um todo –, a avaliação da formação do Palácio nos dá as chaves para a percepção da motivação básica para agir que determinada pessoa possa ter. Estamos nos referindo àquela disposição interior com que uma pessoa persegue seus objetivos.

Um Palácio da Audiência amplo e *levemente proeminente* proporciona espaço para o encontro das energias. Seja como for, dentro dele é que elas têm de entrar em contato umas com as outras: a passagem delas sem esse contato direto é impossível. Uma pessoa com um Palácio da Audiência assim caracterizado conhece intuitivamente a intensidade e o entrelaçamento dos seus atos. Portanto, age com firmeza interior e equilíbrio, dispondo também de uma clara força de julgamento crítico. Além disso, sua ação é bastante eficiente porque vai ao encontro das exigências do seu espaço vital.

Se o Palácio da Audiência for *largo demais*, a troca e a formação recíproca de energias não serão muito equilibradas. Algumas forças isoladas poderão influenciar demasiadamente a força da ação, e a pessoa não terá o necessário equilíbrio interior para fazer o que faz com a devida soberania. Suas reais aptidões muito poucas vezes estarão de acordo com a sua avaliação subjetiva. Seus atos, portanto, freqüentemente serão considerados desajeitados. Além disso, a largura do Palácio da Audiência permitirá que a força da Linha do Coração domine o impulso da ação. A conseqüência disso poderá ser uma generosidade incondicional.

Um Palácio da Audiência *apertado demais* faz com que a perda de atrito seja considerável. Muitas vezes as forças também se bloqueiam umas às outras, o que faz com que, via de regra, acabem se neutralizando. Mas também pode haver uma explosiva colisão de forças que deixe vestígios no Palácio da Audiência. Esses vestígios são visíveis como linhas ou mudanças na cor da pele e, com freqüência, seu efeito é de limitação. Uma pessoa com um

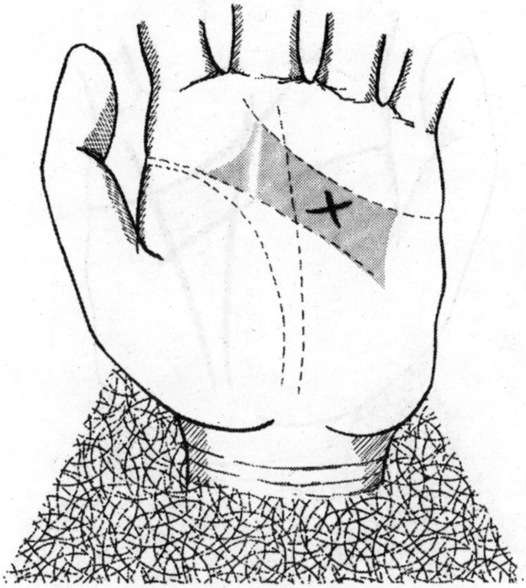

Figura 14

Palácio da Audiência apertado demais tem como que um freio no impulso de ação do Pequeno Monte de Marte. Ela então é vista como uma pessoa indecisa e conservadora. Trata-se da exteriorização da reação a uma capacidade difusa de agir.

Todo analista esotérico de mãos procurará ver com certeza uma *cruz mística* no Palácio da Audiência (figura 14). Por cruz mística se entende aquela que fica no âmbito dos dedos de Saturno e de Apolo. Linhas transversais à Linha de Saturno ou à de Apolo não são consideradas místicas. Por certo, o fato de o indivíduo ter

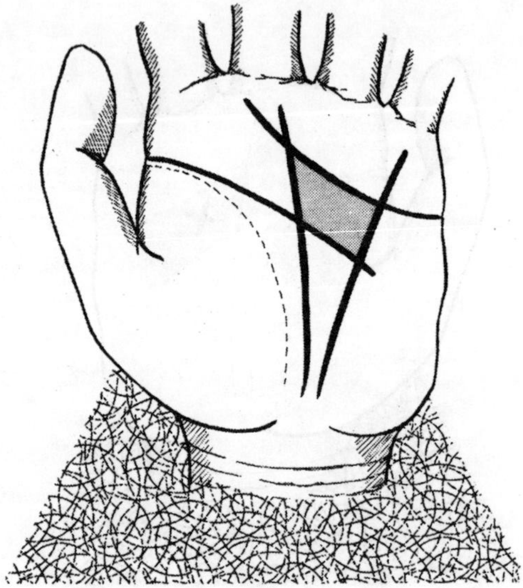

Figura 15

uma cruz mística não significa que ele também seja dado ao misticismo. Dessa cruz se pode concluir, de preferência, que se trata de alguém que de certa forma "sente" que existe um plano oculto, um plano obscuro. Com sua extraordinária sensibilidade, a pessoa capta certos planos que as outras pessoas nem sequer imaginam que existem. No entanto, aí existe um risco, como para qualquer aptidão que sirva unicamente à vaidade da pessoa em questão. Para muitos, contudo, essa cruz pode ter sido desenhada na mão como uma chave para obter transcendência.

Um outro desenho que parece ter relação com a transcendência e que aparece no Palácio da Audiência é a *Mensa* (figura 15), também chamado de "quadrado da palma da mão".

A Mensa é limitada nas partes de cima e de baixo pelas linhas do Coração e da Cabeça. Lateralmente, é contida pela Linha de Saturno e pela Linha de Mercúrio.

Com a Mensa se queria mencionar originalmente uma mesa de altar. Dentro desse contexto, por um lado se fala no encontro de muitas forças, tal como acontece no Palácio da Audiência, e, por outro, também se imagina um local em que é possível a comunicação com o plano transcendental.

Como no Palácio da Audiência os atos humanos são censurados na sua formulação final pela consciência humana, pode-se admitir com certeza que aí deva aparecer um sinal e que através dele se vislumbre o essencial. Pois só quando a essência – aquilo que anima o homem, aquilo que é a força original da sua consciência – surge é que as ações podem ser vistas na sua dimensão moral. Na Mensa o analista vê esse sinal. A atuação conjunta das quatro linhas simboliza os quatro elementos que formam o homem: o Fogo, na Linha da Cabeça, a Água, na Linha do Coração, a Terra, na Linha de Saturno, e o Ar, na Linha de Mercúrio. Esses elementos são sustentados pelo quinto elemento, o Éter, que é o símbolo da transcendência.

Dentro deste contexto também está a inter-relação de efeito entre a experiência transcendental e a qualidade que modifica a ação. Mesmo que a pessoa continue a exercer a mesma atividade que antes, no Palácio da Audiência se determinou uma modificação. Como derradeira conseqüência, ela seria a expressão da ação livre do karma. O amadurecimento espiritual do homem se concretiza no plano material como um impulso modificado da ação. O analista de mãos é capaz de constatar se a ação da pessoa se deve a um impulso instintivo ou a uma sensibilidade maior; até que ponto se trata da dimensão de experiência transcendental, no entanto, não é possível determinar. Contudo, fica reconhecível de que maneira uma pessoa pode encontrar o caminho para o transcendental, e é isso o que a Mensa revela para o analista.

Quando todas as quatro linhas formam a Mensa, a pessoa aborda o transcendental de maneira espiritual. Seus dedos darão maiores informações ao analista. Se faltar a Linha de Mercúrio, a pessoa procurará a alma das coisas por trás do mundo material mais do que em si mesma. Se, ao contrário, faltar a Linha de Saturno, ela tomará conhecimento através dos sonhos de que não depende do espaço e do tempo. Se faltarem a Linha de Mercúrio e a Linha de Saturno no Palácio da Audiência, então a própria atividade da pessoa pode levá-la para além de si mesma.

Os Montes dos Dedos

Os Montes dos Dedos formam ao mesmo tempo o Cinturão da Psique. Eles estão impregnados pela nossa sensibilidade e pela nossa capacidade anímica de expressão. Não são apenas os receptores das forças que sobem pelo centro da mão, mas as energias que vibram neles também podem agir sobre o pulso, pois a alma humana não é só uma força paciente, mas também uma força atuante e formadora. Simultaneamente, a introversão espiritual é a mais perceptível forma de expressão do caráter humano. Através da alma, somos tocados pelo Imensurável, e o nosso anseio pelo inominado a partir da densidade espaço-temporal sempre é um impulso anímico, espiritual. Esse impulso é traduzido de forma simbólica pelos dedos. Os Montes dos Dedos, portanto, representam a passagem do Ser material para o espiritual: por um lado, são parte da palma da mão; por outro lado, parte dos dedos.

Do ponto de vista anatômico, os Montes dos Dedos são formados pelas juntas das articulações, pelos tendões e feixes de músculos que ligam os dedos com os respectivos metacarpos. As quatro cápsulas das juntas entre os dedos são mantidas por três feixes (*ligamenta et palmaria*). Em muitas palmas de mãos esses feixes acentuam os feixes dos Montes dos Dedos de tal modo que muitos analistas consideram três Montes dos Dedos na sua análise. É este o caso, por exemplo, na quiromancia chinesa.

Aceitar essa teoria contraria, por um lado, as características anatômicas e, por outro, o conceito quirosófico de que os Montes dos Dedos são as raízes materiais da expressão espiritual de cada dedo. O analista esotérico de mãos, portanto, trabalha com os quatro Montes dos Dedos. Determinados relevos devidos aos feixes da palma das mãos são analisados como alongamentos dos montes. Por isso eles captam as energias dos montes vizinhos e, conseqüentemente, também expressam as características dos mesmos.

O Monte de Júpiter

De certa forma, o Monte de Júpiter coroa as forças revigorantes da personalidade relativas ao lado da mão que determina o ego. Abaixo dele estão o Monte de Vênus e o Pequeno Monte de Marte; a Linha da Vida e a Linha da Cabeça surgem em sua base. A força nele oculta fortalece aquele âmbito da consciência no qual nós nos podemos reconhecer como pessoa. Com o dedo de Júpiter, não só apontamos para os outros, mas também para nós mesmos. É assim que o homem percebe que é alguém que vive no mundo. Assim, ele também se torna consciente de si mesmo, como alguém separado dos demais, alguém que pode influenciar aquilo que também o influencia. Já não se trata da força impulsionadora do Monte de Vênus, que o leva a agir instintivamente na luta pela vida, porém de uma energia que se torna consciente de si mesma por causa dos efeitos da ação. De modo simbólico, o ser humano não se considera mais uma casca de noz vagando no mar através da força do Monte de Júpiter, mas se sente o capitão do seu barco. Através do caráter essencial das bases da sua ação trata-se, em última análise, da solução possível ao homem para o cumprimento da sua missão. A força em que se baseiam as nossas ações é aquilo que entendemos como força anímica.

Um Monte de Júpiter *saliente* dá ao ser humano o que chamamos de uma autoconsciência sadia. A pessoa conhece o seu lugar no mundo e pode avaliar de forma realista as suas possibilidades de interferir nele. Seu senso de responsabilidade é desenvolvido e ela não vacila em assumir papéis de liderança. Ela persegue seus objetivos com segurança e com certa ambição que nunca se torna incisiva demais. Essa pessoa tem uma fina sensibilidade para descobrir injustiças – sensibilidade que é usada em suas ações e é responsável pela confiança que os outros depositam nela, e que ela está disposta a depositar nos outros. Por tudo e em tudo, trata-se de uma pessoa à qual não se pode lesar de forma alguma.

Um Monte de Júpiter *elevado* aumenta a força da autoconsciência do indivíduo, do ponto de vista das outras pessoas, até um grau insuportável. A pessoa implicada aproveita muito pouco dessa autoconsciência, pois ela está cega para si mesma. Sua mania de liderança pode levá-la principalmente para situações nas quais ela poderá dominar as outras pessoas. Do efeito do seu poder sobre os outros ela tira uma extasiante satisfação. Se essa pessoa tentar satisfazer o seu amor-próprio no plano espiritual, logo será vítima da superstição, e a impressão que os outros terão dela é de hipocrisia, que muitos entretanto interpretarão como uma força espiritual verdadeira.

O contrário, por certo, acontece com as pessoas cujo Monte de Júpiter é *achatado*. Estas têm grande dificuldade para tomar consciência de si mesmas. Na maioria das vezes, elas se definem com base nos outros e pelo modo como os outros reagem a elas. Isso as leva facilmente a ficar dedicadamente à disposição dos outros. Como têm muito pouca confiança em si mesmas, elas também são incapazes de demonstrar grande calor humano pelos outros. Além disso, infelizmente, essas pessoas raras vezes encontram um parceiro que as apóie altruisticamente. Isso também pode se dever ao fato de elas terem a tendência, por questão de hábito, de atazanarem aqueles que lhes demonstram dedicação.

O Monte de Saturno

Neste monte repousa a força para lutar pela sobrevivência. A pessoa estabelece a sua tarefa e tenta resolvê-la. No entanto, é preciso conhecer essa tarefa. Para obter esse conhecimento há um esforço contínuo para tornar-se consciente da falta de atenção, evitando-a. Aqui surge o caráter essencial do indivíduo. À medida que o indivíduo se torna consciente da energia formadora do destino, surge o seu caráter essencial. Trata-se daquela grande sensibilidade que adverte a pessoa para usar a consciência como linha diretriz de suas ações. Assim, no Monte de Saturno oculta-se uma grande sabedoria. Trata-se do pressentimento da existência de uma verdade indivisível que comove os homens. Eles podem deixar-se dirigir por essa suave vibração e captá-la, percebendo o que está errado; só o que restar é que será verdadeiro. Portanto, da disposição do ser humano de obter conhecimento depende se ele vive o seu destino ou se se declara insatisfeito com ele, sendo que ambas essas decisões, em última análise, acabam formando o destino.

Se o Monte de Saturno é *saliente*, a pessoa tem suficiente força de resistência para seguir o seu caminho de vida. Pode acontecer de ela eventualmente se desviar do caminho; porém, só em casos excepcionais seguirá pelo lado errado, pois no âmago do coração ela conhece a sua missão. Por considerar suas ações naturais, ela pode agir com a necessária praticidade, junto com um senso de dever, de confiabilidade e disposição para o trabalho e para assumir responsabilidades. Com todas essas características positivas, mesmo assim existe o perigo de essa pessoa dar mais valor à realidade do que à vitalidade. Pode ocorrer de ela desperdiçar a vida na crença de que só pode viver ao alcançar o seu objetivo.

Um Monte de Saturno *elevado* pode fazer da pessoa um eremita, pois ela tentará, com todas as forças, seguir sua voz interior. Contudo, seus esforços para percorrer o caminho correto acabarão por parecer-lhe insuficientes. E quanto maior se tornar o seu esforço para viver a verdade, tanto mais ela lhe escapará, pois a verdade está distante do espaço e do tempo. Sendo assim, essa pessoa vive o eterno dilema entre o desejo e a realidade. Por um lado, por meio da severidade e do ascetismo, ela quer fazer justiça à sua missão; por outro, esse mesmo ato férreo de vontade fortalece suas raízes presas ao ego. Dessa maneira, ela fica presa na densidade espaço-temporal material; seu conhecimento também será duvidoso e fragmentado. Melancolia, silêncio e amor à solidão são o preço que terá de pagar por isso, o que, por sua vez, essa pessoa sente como um fardo justo a carregar.

Um Monte de Saturno *achatado*, na maioria das vezes é encontrado na mão de pessoas aéreas, cabeças-de-vento. O caminho delas é o mais fácil, pois o que importa é o sucesso. Essas pessoas têm poucos remorsos; e se alguma vez forem atormentadas pela voz da consciência, elas logo a fazem calar através da repetição de impulsos materiais. E assim elas tendem a levar uma vida superficial, pouco se incomodando com realizações. Para elas, é preferível que se deixem levar e, enquanto nadarem na correnteza principal, raras vezes elas se isolarão.

O Monte de Apolo

Se quiséssemos definir a energia relacionada com o Monte de Apolo, poderíamos dizer que nele se concentra a alegria de viver. Trata-se daquele prazer de viver do qual podemos nos lembrar facilmente, tão logo sonhemos com um campo de flores iluminado pelos raios do Sol. Animados por uma felicidade intemporal, nossas limitações corporais parecem desaparecer e temos a impressão de que flutuamos junto com o mundo. No entanto, quem de fato vibra em uníssono com o mundo não só sentirá o prazer de viver, mas também o sofrimento por estar vivo. Uma pessoa que sente o mundo dessa maneira é uma pessoa altruísta e o seu sofrimento com o mundo é desinteressado. Essa compaixão esconde um amor ilimitado por si mesma. No Monte de Apolo o caráter é a expressão do Inominado que tudo contém. É por isso que a pessoa capta essa energia como uma energia de salvação, uma energia que proporciona paz à alma. Em sua forma de expressão mais materializada, ela dá sentido a tudo o que é considerado verdadeiro e tradicional, a tudo o que é belo e bom.

Um Monte de Apolo *saliente* aparece nas mãos da pessoa delicada que consegue se sintonizar muito bem com os seus semelhantes. O próximo não é só um espelho para si mesma, porém ela também é suficientemente sensível para perceber as sensações alheias como se fossem suas (ou seja, é capaz de colocar-se na pele dos outros). É por isso que ela pode sentir muito respeito pelas pessoas; seja como for, trata-se de alguém que leva a sério o íntimo do parceiro. Por consideração aos outros e por valorizar demais a harmonia, essa pessoa tem a tendência de idealizar o mundo. Para ela, isso representa um risco de *a priori* somente procurar o ideal no seu oponente. É naturalmente compreensível a existência, nessa pessoa, de bom gosto pelas artes.

Se o Monte de Apolo é *elevado*, a pessoa facilmente se apaixona – em primeiro lugar, por si mesma. De preferência, ela abraçaria todo o mundo, mas no fundo do seu coração pensa apenas em si mesma. Sua gentileza e seu calor humano na maioria das vezes visam ela própria, como que para convencer o próximo da sua generosidade. Essa pessoa também se inclina a achar que seus sonhos representam a realidade comum; e de fato ela sonha muito. Seu sentimentalismo e distanciamento da realidade, junto com sua vaidade, tornam-na suscetível a todo tipo de lisonja que apóie a sua auto-avaliação. Em casos extremos, na maioria das vezes, são essas as pessoas que, se as suas pretensões não tiverem um apoio financeiro, poderão ser levadas à servidão. Além do mais, pessoas assim podem estragar o seu apetite na medida em que o seu bom gosto as leva a comer demais.

Um Monte de Apolo *achatado* aparece nas mãos de pessoas sóbrias, muitas vezes pouco sensíveis. Na maioria das vezes, elas se consideram infelizes porque reconhecem que falta profundidade às suas experiências. Falta-lhes a cordialidade que poderia fazê-las esquecer um pouco de si mesmas. Elas gostam de fugir dessa sensação de vazio interior na medida em que se voltam para as coisas materiais; no entanto, poderiam fazê-lo melhor se pensassem de preferência no bem do próximo.

O Monte de Mercúrio

Na antigüidade, Mercúrio era um deus com grande versatilidade em seus negócios. Ele não era um mero mensageiro dos deuses, mas também era considerado o deus dos ladrões, patrono dos negociantes, deus dos pastores, descobridor do fogo sacrificial, da flauta, da linguagem e da escrita. Além de tudo isso, acompanhava no além as almas dos que morriam. Portanto, não deve despertar admiração o fato de se atribuir aos sinais relativos a Mercúrio, na quiromancia, tantos significados diferentes.

No entanto, se nos lembrarmos da função original de Mercúrio como deus do vento, descobriremos nesse fato o motivo da sua versatilidade. E é exatamente esse conceito de Mercúrio como deus do vento que pode ajudar o analista esotérico de mãos a entender intuitivamente as energias contidas no Monte de Mercúrio. Trata-se sobretudo do efeito etérico das forças de Mercúrio e não de formas de expressão com algum significado material interessante para a quiromancia.

Nessa forma original, as forças do Monte de Mercúrio são aquele meio através do qual o Imensurável pode se comunicar conosco. No entanto, não será uma comunicação no sentido normal do termo, pois como seres limitados só podemos intuir o Imensurável.

Ouvir o que o Imensurável nos diz é tornar-nos receptivo, o que exige uma entrega altruísta. Isso por certo significa que a pessoa se deixa impregnar pela natureza essencial, sendo o seu egocentrismo uma simples função, e não o seu verdadeiro eu. Nisso também está a razão pela qual na maioria das pessoas essa energia está tão condensada que assume, no plano material, a característica de talentos e qualidades intelectuais, pois o ser humano é naturalmente egocêntrico, sendo essa característica parte da sua natureza.

Um Monte de Mercúrio *saliente* indica uma pessoa que percebe intuitivamente o que a anima. Se transforma o fato num jogo intelectual ou se dá asas à intuição, depende, em última análise, da sua disposição para assumir riscos, para procurar conhecimentos novos além do que já conhece. O dedo de Mercúrio pode revelar ao analista algo sobre as suas tendências. Seja como for, essa pessoa dispõe de uma sensibilidade natural para a religião. Para ela, trata-se de uma verdade rudimentar: entre o céu e a terra existem mais coisas do que pode aceitar com seu conhecimento acadêmico. Para ela, este mundo intermediário é um fenômeno real que enriquece o seu interior e que, de certa forma, a sensibiliza.

No entanto, se essa sensibilidade é útil para a sua vida espiritual, ou se é utilizada melhor no plano material, isso é algo que pode ser visto nas linhas das mãos. O efeito material de um Monte de Mercúrio saliente favorece a obtenção de lucros, bem como a força de expressão oral, a capacidade de observação, a riqueza de idéias e o talento organizacional. Todas essas características são as que preenchem os requisitos para a pessoa obter um bom emprego. Como os sinais relativos às características de Mercúrio não revelam de forma clara se serão vividos no plano material ou espiritual, só por meio de um interrogatório o analista poderá esclarecer.

As energias de um Monte de Mercúrio *elevado* são quase todas usadas no plano material, pois para um estilo de vida espiritual, para a dedicação ao transcendental, não é necessária tal energia; esse tipo de vida acontece de um modo muito mais suave. O excesso de energia gera um ser humano repleto de anseios. No entanto, esse anseio é de natureza indeterminada, não realizado. Ele é forte demais para ser transcendido. Sendo assim, transforma-se num sofredor, e é por isso que busca uma solução espiritual aqui na Terra. Conseqüentemente, essa idéia se converte num programa de vida: "Um Deus que recompense os justos aqui neste planeta, considerando que a pessoa multiplica os seus bens para agradar ao Senhor."

Num Monte de Mercúrio *achatado* falta a força para a pessoa sentir em si mesma o toque do extraterreno. Para ela, o mundo só vai até onde vão os seus pensamentos. Como se define principalmente no plano material, falta-lhe a necessária sensibilidade para o transpessoal. O sucesso material só vem graças a grandes esforços, talvez porque falte a essa pessoa a força da alma, a necessidade anímica de corresponder às necessidades dos outros.

A comunicação dos montes das mãos

Muitos montes formam, na verdade, uma montanha. Por certo, uma montanha é um fenômeno com valor próprio, pois é mais do que o ajuntamento de vários montes. O mesmo vale para os montes das mãos. Por isso eles não devem ser contemplados isoladamente na interpretação quiromântica. Os montes se inter-relacionam e, como um todo, são a expressão da palma das mãos.

O relacionamento dos montes é observado pelo analista através do esquema da divisão horizontal e vertical da mão. Assim, a energia vital estimula a vontade de agir do Pequeno Monte de Marte e se transforma, finalmente, em força de autoconsciência, no Monte de Júpiter. No Monte de Netuno está a força criativa e subjugadora do futuro. É daí que o ser humano parte para formar o seu espaço vital no plano material, para depois, das alturas dos montes de Saturno e de Apolo, avaliar a sua obra. Ao longo da borda da mão a pessoa se relaciona com os outros, e se comove com as profundezas

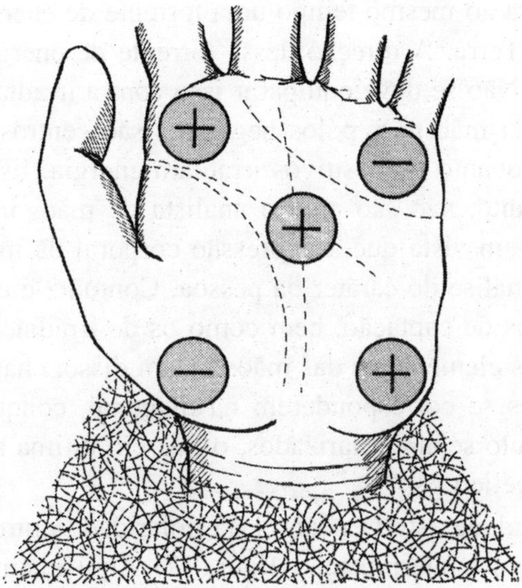

Figura 16

do amadurecimento humano; a pessoa é testada com o fio de prumo do Ser comum; e, finalmente, terá de perceber o Tu divino no Monte de Mercúrio.

O efeito conjunto dos montes das mãos no sentido horizontal não precisa mais ser especificado aqui porque foi suficientemente abordado na apresentação especial de cada monte.

Contudo, além do esquema da divisão horizontal e vertical da mão, o analista também deveria levar em conta a polaridade dos montes em relação uns com os outros. No princípio quirosófico da polaridade, existe uma base astral que será brevemente descrita para explicar o efeito recíproco das forças simbolizadas nas mãos.

A divisão mostrada na ilustração (figura 16), de pólos positivos e negativos na palma das mãos, comprovada através de métodos de radiestesia, mostra que, além das energias contidas nos montes das mãos, gira ao mesmo tempo uma torrente de energias ao redor do Plano da Terra. A direção dessa torrente de energias pulsa regularmente. (Não se deve equiparar isso com a irradiação corporal radiestésica da mão.) Os pólos negativos são centros de captação de forças, enquanto os positivos irradiam energia. Essas constatações, no entanto, não são para o analista de mãos uma condição direta, tendo em vista que a expressão corporal da mão é que é a base para a análise do caráter da pessoa. Contudo, é digno de nota que os centros de captação, bem como os de irradiação de forças, são os montes elementares das mãos. Além disso, chama a atenção o fato de eles se corresponderem na diagonal, conquanto os que estão no círculo sejam polarizados, o que em última análise libera o fluxo energético.

A polaridade astral encontra na polaridade quirosófica a sua correspondência e interpretação (figura 17). Aqui atuam juntas aquelas quatro forças que impregnam a essência do ser humano: através da sua avaliação descobrimos a sua estrutura. Essas quatro forças necessitam umas das outras, mesmo que ocupem posições antagônicas. É exatamente essa oposição que estabelece as bases para a imagem quirosófica do homem. Ela mostra o ser em desenvolvimento que, como um fenômeno do campo de tensão de forças que nele atuam, visa obter um equilíbrio final. Portanto, não são as forças em si o essencial no ser humano, mas sim o campo de tensão que elas criam. A energia contida nos montes das mãos é a substância do homem, o que nele é essencial, o que o anima e é decisivo. Pois a essência humana é a sua aparência no espaço vital que ocupa, enquanto as características essenciais que provocam a sua aparência têm suas raízes fora do espaço e do tempo.

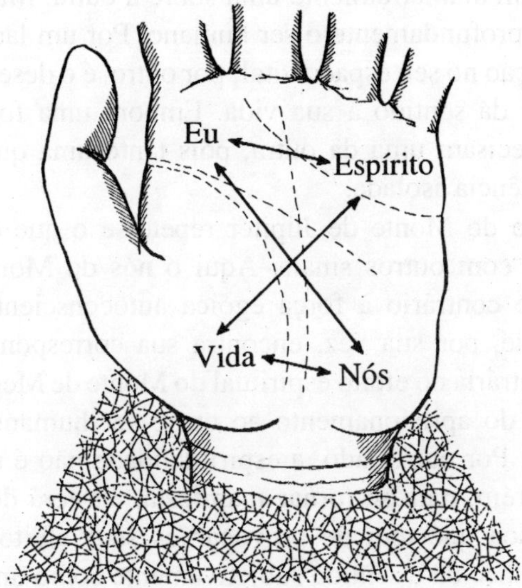

Figura 17

A força que recebe a energia no Monte de Vênus e que impulsiona o ser humano rumo à sua auto-afirmação contrapõe-se às forças contidas no Monte da Lua e no Monte de Mercúrio. Enquanto a força do Monte da Lua é um oposto complementar a ela, a força do Monte de Mercúrio é exclusiva, por ser de polaridade idêntica. O oposto no Monte da Lua é uma força de atração. Só através do relacionamento com o outro é que o ser humano se torna um sujeito que vivencia e forma o mundo. Ao mesmo tempo, o que se aproxima dele, de fora, é um fenômeno interior. Assim os outros se tornam nós, pois a experiência dos outros acaba sendo uma auto-experiência.

A oposição entre a força de Vênus e o Monte de Mercúrio é diferente. Enquanto as forças vitais são alimentadas no Monte de Vênus, as forças mentais o são no Monte de Mercúrio. Ambas as forças atuam diametralmente uma sobre a outra. Mas esse efeito oposto move profundamente o ser humano. Por um lado, ele busca a auto-afirmação no seu espaço vital; por outro, é o desenvolvimento espiritual que dá sentido à sua vida. Embora uma força exclua a outra, elas precisam uma da outra, pois tanto uma quanto a outra não têm existência isolada.

Na visão do Monte de Júpiter repete-se o que descrevemos antes, só que com outros sinais. Aqui o nós do Monte da Lua é absolutamente contrário à força egóica autoconsciente do Monte de Júpiter, que, por sua vez, encontra sua correspondência complementar contrária no efeito espiritual do Monte de Mercúrio. Logo, na superação do aprisionamento ao eu, o ser humano encontra a sua perfeição. Por outro lado, a espiritualidade não é um valor em si mesma, porém, para se tornar manifesta, ela terá de ser sentida por toda pessoa que tem de provocar os seus efeitos. Então ela poderá ser conhecida e sentida subjetivamente como uma expressão espiritual de vida.

Aqui se encerra o círculo no Monte da Lua; por um lado, a pessoa percebe a espiritualidade vivida no Monte de Vênus como uma força que a completa e a torna perfeita como ser humano; por outro lado, ela sente essa força no Monte de Júpiter como a força que a liberta de suas limitações. Este último aspecto é também mais um elemento dinâmico, pois na sempre renovada delimitação com o nós está o sentido do desenvolvimento material.

O processo de desenvolvimento espiritual e material deixa traços reconhecíveis no plano relativo à Terra, que o analista consegue perceber. Através deles, as forças contrárias são, ao mesmo tempo, separadas umas das outras e unidas. O grau em que as quatro forças elementares impregnam a pessoa pode ser lido pelo analista, uma vez que ele faça a correlação da altura dos montes e da força descrita. De que modo o indivíduo vive essa fusão de forças é algo que o analista reconhece pelas linhas da mão. Porém, sem conhecer os desejos da pessoa, o analista de mãos não poderá revelar o rumo da vida. É por isso que ele volta sua atenção primeiro para os dedos.

Os Dedos, Antenas da Comunicação Espiritual

Através dos dedos (figura 18), o homem contata o seu espaço vital, percebe sua densidade, transparência e permeabilidade. Também é através dos dedos que o mundo se revela aos homens de

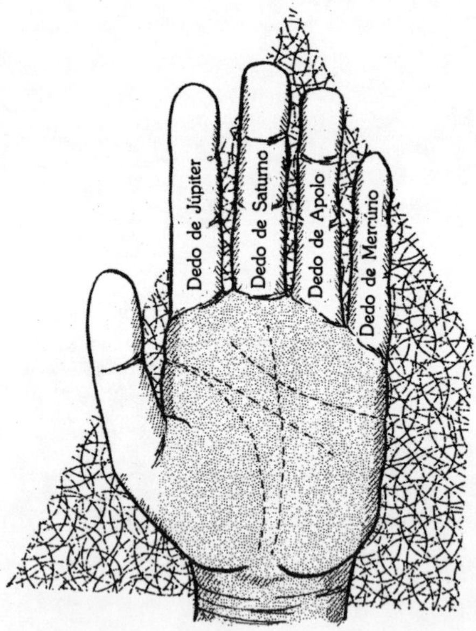

Figura 18

maneira mais direta. É com os dedos que o ser humano reage às impressões, à proporção que cria o seu espaço vital. Então os dedos são ambas as coisas: sensores mantidos para compreender o mundo e instrumentos para dar forma ao que captaram do mundo. Esse efeito recíproco é expressão da inteligência humana e, conseqüentemente, um princípio espiritual ainda que com ligação material. Talvez fosse por isso que os deuses da antigüidade imploravam a proteção de Minerva, a deusa da sabedoria.

No entanto, além de estarem voltados para o mundo exterior, os dedos também são um símbolo do caráter espiritual dos homens. À medida que o homem compreende o mundo, ele busca ao mesmo tempo descobrir a causa espiritual dos fenômenos com que depara. Para o analista, essa visão é provocada materialmente, só que é captada espiritualmente. Para ele, o significado plástico dos dedos é uma medida de análise. Afinal, os dedos simbolizam, juntos, as cinco etapas do estado de ser do homem. O polegar representa a consciência elementar do ser humano; o Dedo de Júpiter mostra o eu que domina o mundo com base nas coisas terrenas; o Dedo de Saturno mostra o espírito que forma o mundo; no Dedo de Apolo se expressa a interioridade anímica e no Dedo de Mercúrio o homem finalmente se livra do seu apego ao eu.

O conjunto de quatro dedos forma quase uma oposição ao polegar. É por isso que sempre o incluímos quando na explicação dos dedos longos.

O polegar

Dos cinco dedos, o polegar é o mais flexível e é insubstituível para organizarmos os nossos assuntos cotidianos. O polegar pode ser mantido contra a mão, razão da expressão "na contramão". É com o polegar que pegamos e seguramos com força tudo o que encontramos. Trata-se do dedo que não experimenta o mundo tateando, mas agarrando. Falta-lhe a terceira falange e, assim, ele é o princípio espiritual contido nos outros dedos. Por tudo isso, o polegar representa uma força totalmente ligada ao mundo material. Isso também esclarece sua ligação com o Monte de Vênus, que fica na sua base e sob o qual fica o metacarpo. A energia forte do Monte de Vênus, que se irradia naturalmente através do polegar, é a que simboliza a presença da pessoa como um fator determinante do seu espaço vital.

O polegar é, assim, o local natural para o princípio espiritual que é representado nos outros dedos. Com o polegar, o homem cria primeiro o espaço no qual seu espírito poderá se desenvolver e agir. Por outro lado, o polegar precisa captar o que o espírito quer e o que os dedos estabelecem, e ajudar a dar a isso uma expressão de forma material. É por isso que deve haver correspondência entre o polegar e o tamanho dos dedos. Um polegar pequeno demais é tão absurdo como um grande demais. Aquele não dá ao espírito a base material para poder estabelecer um diálogo no espaço vital do homem; este cria um espaço que o espírito é incapaz de preencher. Ambos os tipos de polegar atuam como obstáculo no desenvolvimento espiritual da pessoa e na sua identificação com o espaço vital.

Ao lado do cérebro, o polegar é a parte do corpo que nos possibilita ultrapassar o nosso espaço vital e nos desenvolver mais que os nossos semelhantes. Esse desenvolvimento está oculto nos homens, o que poderá ser constatado, por exemplo, num contexto de pessoas que vivam de forma enganosa, contemplando seus polegares como os protetores da alma, escondendo-os dentro da mão, protegendo-os dos estranhos e do mau-olhado. Além disso, esse gesto de proteção parece ser profundamente inato. O recém-nascido, bem como o moribundo, viram o polegar para dentro. O que no recém-nascido expressa uma falta de consciência, na pessoa que vai morrer é sinal da derradeira concentração, do estar-voltado-para-dentro-de-si-mesmo antes de partir para o outro plano. Analogamente, deve-se interpretar a posição da mão dos pacientes em coma profundo, que nos leva à conclusão de uma total renúncia deles à vida.

Visto que no polegar estão enraizadas forças primordiais, inconscientes e instintivas, o analista deve primeiro tentar revelar o momento inconsciente, que a seu modo leva a pessoa a atuar de um e não de outro modo no seu espaço vital. Um primeiro passo para saber com qual temperamento a pessoa enfrenta a vida está na avaliação da base do polegar, do ângulo que forma com os dedos e na sua flexibilidade.

A base do polegar fica abaixo da Linha da Cabeça. É por isso que fica perceptivelmente claro por que o impulso que movimenta o polegar ainda é um impulso impensado. Antes mesmo de a pessoa mostrar sua vontade de auto-afirmação, ela é impulsionada pelo inconsciente a criar para si mesma um espaço vital. Esse impulso que determina o espaço não poderá ser negado pelo ser humano, em razão de ele não conseguir captá-lo no plano racional. Só poderá interiorizá-lo como uma expressão criadora de vida para si mesmo.

No caso de um polegar *colocado mais embaixo*, a energia do Monte de Vênus pode fluir muito melhor do que quando ele está colocado mais em cima. Assim, uma pessoa com esse tipo de polegar dará muito valor à sua presença material e precisa de sinais visíveis para poder tomar consciência de si mesma. Suas posses facilmente se tornam uma força de autovalorização. Prazeres sensuais também tornam efetivo de forma sensível o fato de realmente estar viva.

Quando o polegar está colocado *mais no alto da mão*, a pessoa, na maioria das vezes, tem um temperamento aéreo. O impulso grosseiro, com ênfase no desejo do Monte de Vênus, só a estimula um pouco. Um polegar como esse fica muito perto dos outros dedos para poder fazer valer sua vontade no plano material. Ele atua muito mais num espaço vital espiritual que reparte com muito poucas pessoas. Essa pessoa tem bem menos necessidade do que as outras de se afirmar no plano material.

O ângulo que separa o polegar dos outros dedos é o gradiômetro para medir o entusiasmo da auto-expressão de uma pessoa. Uma pessoa tímida mal conseguirá afastar o polegar um pouco para os lados. Ela não tem muita certeza da sua força vital e, na maioria das vezes, tende a subestimá-la. Mas, desde que ouse afirmar-se no mundo, saberá defender seu espaço com tenacidade. O máximo grau de abertura do polegar, também denominado "liberdade do polegar", só raras vezes ultrapassa um ângulo de 90 graus. Uma pessoa que pode mover seu polegar sem esforço em ângulo reto dispõe de uma suficiente e saudável porção de autoconfiança. Ela é independente e não se deixa oprimir por pressões convencionais. Uma abertura de polegar com cerca de 60 graus é considerada normal. Uma pessoa assim também é teimosa, como se soubesse que tem força de vontade, estabilidade interior e facilidade de comunicação, consideradas normais em geral.

Para se avaliar o prazer com a auto-afirmação deve-se levar em conta a flexibilidade do polegar; a capacidade de se dobrar o polegar para trás também é importante para essa avaliação. Um polegar *rígido* só pode ser erguido um pouquinho do tampo da mesa. Ele enrijece os traços característicos extravagantes de uma pessoa; o que tenciona fazer, ela tenta fazer com considerável estupidez, sem sequer levar em consideração as oposições. Os motivos ocultos de sua ação, visto terem uma natureza ameaçadora, na maioria lhe passam despercebidos. Opõe-se a esse tipo de polegar o polegar demasiado *flexível* e elástico, que pode ser erguido quase verticalmente no ar quando a mão está apoiada sobre um tampo de mesa. A pessoa com polegar assim parece de certa forma desenraizada: tem pouco apoio na sua própria natureza. Carência de ligação à terra faz com que falte à expressão de sua vontade certa uniformidade e perseverança. As energias de Vênus fluem ritmicamente no polegar e, portanto, essa pessoa se alterna entre a satisfação celestial e a depressão melancólica. *Ideal* seria uma elasticidade que permitisse esticar o polegar para trás cerca de 45 graus. A pessoa com esse tipo de polegar cresce com tanta consciência da sua natureza e consegue transformar de tal forma a energia necessária à sua auto-afirmação, que até no caso de acontecimentos mutáveis ela pode se afirmar, sendo válida a expressão da sua vontade. Adequação e fidelidade aos seus princípios se completam sem que a pessoa precise negar a si mesma. Em última análise, devemos mencionar, ao falar da elasticidade do polegar, que de um polegar contraído se pode deduzir que a pessoa também terá contrações e bloqueios em seu impulso vital. Esses bloqueios aparecem no plano sexual bem como na expressão do corpo e da vontade. De vez em quando, esses bloqueios podem se liberar como erupções de pura energia vital, embora também possam ficar duradouramente presos, o que resulta numa pessoa excêntrica.

Um olhar para a curvatura da ponta do polegar na parte exterior da mão, quase no limite externo do Monte de Vênus, revela ao analista se forças femininas ou masculinas, construtivas ou dispersivas, fluem harmoniosamente. Uma curvatura bela, ampla, mostra a sintonia dessas energias. Por trás de uma curvatura excessiva há energia feminina demais, ao passo que uma simples sinuosidade fortalece o princípio masculino da pessoa. Essas forças atuam principalmente no âmbito do inconsciente, formando a decisão que antecede a vontade consciente. Flexibilidade original e disposição para a luta, que fluem junto com a expressão da vontade, fundamentam-se nesse impulso.

O tamanho do polegar e sua força revelam a potência da manifestação da vontade e a vontade de a pessoa se auto-afirmar. No formato do polegar o analista busca a resposta para o modo como a pessoa usa a força que a impulsiona à vida no plano material para a execução da tarefa que se propõe cumprir.

Um polegar longo, *normal*, chega até cerca da metade da articulação do dedo indicador. Nesse caso, não se leva em conta a sua base, visto que a ligação da ponta do polegar com o meio da primeira articulação do dedo de Júpiter corresponde a uma vibração harmônica conjunta das forças terrenas, que impulsionam a pessoa a criar materialmente o seu espaço vital, com a força da autoconsciência. O impulso natural rumo à auto-afirmação é sentido como um estímulo sadio de adesão à vida. A força de vontade e a capacidade de sobrevivência são realisticamente avaliadas e usadas de acordo com os acontecimentos. O que se deseja no plano divino encontra um eco natural no plano material.

Num polegar *longo*, o impulso à teimosia e à estabilidade no aqui-e-agora físico recebem mais força. A pretensão dos outros de participar do espaço vital que a pessoa idealizou para si mesma é recusada, em geral com grande falta de consideração. Esse tipo de pessoa gosta de manter a cabeça acima da dos outros, mesmo quando não sabe para que direção tem de olhar. No entanto, ela pode gozar de um entusiasmo contagiante. E se tiver êxito no conhecimento das estruturas forçadas pelo seu anseio de domínio, poderá ajudar os outros com o seu excesso de energia vital, associando-se a eles.

Num polegar *pequeno*, o impulso de estabelecer a presença no aqui-e-agora como um ponto de equilíbrio para o espírito também é consideravelmente menor. À vista disso, oferece-se muito pouco espaço às forças que se irradiam do Monte de Vênus, que assim não podem se desdobrar. É esse o motivo de a sua atuação freqüentemente ser difusa. Às vezes o estímulo para a afirmação sexual é mais forte; outras vezes, a vontade de realizar-se materialmente leva a pessoa a agir. Isso possibilita que a pessoa, conforme o caso e na maioria das vezes, ative a força impulsiva necessária, além de lhe dar uma capacidade instintiva de adaptação, embora isso a torne extraordinariamente suscetível ao domínio de influências estranhas.

Não é apenas o comprimento do polegar que dá a medida da força de expressão das energias vitais, mas também a sua largura. O relacionamento entre comprimento e largura se dá de forma simbólica. Assim como o leito raso de um canal pode apressar o fluxo das águas, enquanto um leito muito fundo faz a água correr preguiçosamente, num polegar longo e estreito isso significa que a pessoa quer anunciar a sua presença de todas as maneiras imagináveis, como o indivíduo conquistador que quer ser visto em todas as ruelas sem que tenha suficiente virilidade para se afirmar de forma duradoura junto às mulheres. Um polegar grosso, embora curto, expressa força contida, que será usada parcialmente para formar algo. Trata-se de uma força muito bloqueada. A pessoa com esse tipo de polegar acredita, na verdade, que pode realizar coisas que impressionem o mundo. No entanto, ela tem dificuldade para concentrar a sua energia. Na maioria das vezes, pretende fazer mais do que pode, e com isso desperdiça inutilmente uma parte considerável de suas energias.

A forma do polegar como um todo mostra a manifestação de vontade do ser humano; mostra essencialmente como a pessoa consegue perceber e exteriorizar as forças impulsionadoras de forma adequada à sua personalidade. Ao avaliar as articulações do polegar, o analista descobre se é a própria pessoa que organiza suas forças. As possibilidades de organizar sua vida, em última análise, são inerentes ao seu caráter. No entanto, ao ser humano cabe escolher a quais forças reguladoras dará preferência com crescente naturalidade. Como indício das prioridades que a pessoa estabeleceu, o analista descobrirá formações acentuadamente musculosas em partes do polegar.

As forças de Vênus fluem através da falange inferior do polegar para serem transformadas, de forma material, na falange superior ao entrarem em contato com o espaço vital. A falange inferior, nesse caso, assemelha-se a uma passagem, influenciada de um lado pela afluência de energias e, do outro, pela potência e bondade da transformação.

O polegar não é um membro ativo da mão. Sua característica especial é a sua disposição passiva de ser recipiente para a força vital. Aqui a força vital não é apenas um impulso gerador de vida, mas ela se aprimora até se tornar uma força consciente de si mesma. Essa percepção, no entanto, não é algo de que o homem tenha consciência: trata-se muito mais de uma sensibilidade física. Ela está interligada com a inteligência do corpo, que sinaliza às pessoas de uma forma inexplicável porém perceptível o que é bom e o que é mau para elas. Trata-se do local de concentração da percepção em movimento. Aqui a pessoa simplesmente volta a si. Essas características se fortalecem com um acréscimo proporcional de aceitação junto com uma formação harmoniosa simultânea.

Uma falange inferior *longa* do polegar permite que as pessoas percebam o seu espaço vital de modo emocional, correspondente ao inconsciente. Essa experiência atua perceptivelmente na pessoa e a capacita a uma percepção intensa do seu meio ambiente. Ao mesmo tempo, essa capacidade abriga em si um perigo: o de a pessoa selecionar tanto as suas impressões no inconsciente a ponto de só apresentá-las de modo disfarçado. Sua sensibilidade pode transformar-se num fardo. Quando a falange inferior do polegar é *curta*, essas impressões inconscientes da vida estão tão diluídas que é impossível elaborá-las simbolicamente no íntimo. Essas imagens perturbadoras tornam a pessoa temperamental. Suas reações muitas vezes não têm relação nítida com os acontecimentos que as provocaram. Uma falange do polegar pouco modelada ou sem sinais indica falta de sensibilidade para as próprias manifestações de vida. Na maioria das vezes, esse tipo de pessoa tenta arranjar estímulos mais fortes a fim de ativar a própria sensibilidade.

Através da falange superior do polegar – a falange ungueal – expressam-se as forças vitais no espaço vital dos seres humanos. Aqui elas se manifestam como a força criativa que modela o mundo. A vontade do espírito atua através dessa falange, no espaço e no tempo. Mesmo que aí a energia pulsante ainda esteja voltada para os instintos, ela não é mais ameaçadora para o indivíduo, mas captada por ele como uma força colocada à sua disposição. Então ele estará disposto a tomar consciência de sua própria força de vontade e de sua capacidade de auto-afirmação e usá-las de forma adequada à sua compreensão. É nessa falange que o analista de mãos reconhece a força de sobrevivência da pessoa e a possibilidade que ela tem de atuar de forma planejada com os outros. Essas características aumentam de intensidade de acordo com o seu tamanho.

A pessoa com uma falange ungueal *longa e fina* expressa a sua vontade só por necessidade e, na maioria das vezes, de forma confusa. Ela gosta de comprovar o fato de estar aqui através de atos espontâneos de auto-expressão que, na verdade, causam impressão, mas têm a natureza dos fogos de artifício. Quanto mais grossa se torna uma falange ungueal, tanto mais as manifestações da vontade adquirem características de autoritarismo e de descontrole. Ao contrário, quando a falange ungueal é *curta e grossa*, as forças não se expressam tão fluentemente. De preferência, elas são represadas, estagnam e atuam de modo destrutivo no interior da pessoa. Uma falange com unha *esguia e curta* dá pouco espaço para a formação autoconsciente da vontade. Trata-se de energias ainda informes, intuitivas, que orientam as manifestações da vontade da pessoa.

Uma falange ungueal vista de frente pode dar a impressão de ser muito larga, conquanto de perfil quase não apareça. É por isso que os analistas de mãos julgam o tamanho da falange ungueal de ambos os lados. A vista frontal revela algo sobre a força elementar do ser humano, ao passo que pelo seu perfil ele pode deduzir de que modo essa força é usada.

Finalmente, a forma da falange ungueal mostra ao analista mais alguma coisa sobre o temperamento básico com o qual a pessoa se dispõe a interferir em seu espaço vital e a formá-lo. Um papel importante é desempenhado pelas três formas básicas, assim como acontece na análise da parte externa da mão. Seria ideal que a ponta do polegar pudesse repetir a forma do contorno da mão. Além disso, nesse caso não haveria contradição entre as principais características da pessoa, o seu temperamento e a sua auto-afirmação. Uma falange ungueal *espatulada* indica uma força muito intensa de criatividade que, no entanto, não pode ser usada com naturalidade. Muitas vezes essa energia só é liberada através de ocasionais explosões de emoções. Uma falange *angulosa* impulsiona o indivíduo a manifestar a vontade do espírito de modo prático e convencional. Uma falange *cônica*, ao contrário, faz com que a manifestação da vontade seja mais de acordo com valores espirituais; além disso, a pessoa só se disporá a assumir compromissos enquanto estes não implicarem uma falsificação da vontade do espírito.

O relacionamento dos dedos com a palma das mãos

Está absolutamente claro para o analista esotérico de mãos que os dedos representam um princípio espiritual, fato que o leva a dedicar sua atenção a cada um deles, antes de avaliar o valor desse princípio para o caminho do ser humano. Para essa análise, ele avalia o tamanho dos dedos com relação à palma da mão, uma vez que na palma das mãos se expressa de forma controvertida a natureza material da pessoa.

Dedos longos enfatizam a força espiritual do ser humano. O ponto de gravidade da sua vida está no plano espiritual. É nele que ocorre essencialmente a sua luta com o mundo. Só que não está predeterminado se se trata de uma orientação de vida intelectual ou espiritual. Seja como for, o impulso vital passa rapidamente pela palma da mão para ascender aos dedos com força um pouco controlada. A sensibilidade espiritual passa a ser a verdadeira conscientização do seu caráter vital. O perigo que existe é o de a pessoa com dedos longos demais subestimar o efeito recíproco inevitável do seu caráter material, fazendo com que sua espiritualidade seja, em última análise, descolorida. O plano espiritual se transforma para ela na motivação da sua vida pessoal. No entanto, a pessoa continua distanciada da vida e pouco acessível, visto que lhe falta a repercussão material desse plano.

Uma pessoa com palma da mão *grande* vive as forças da sua natureza corporal. A expressão material de vida lhe é natural, e também não quer se furtar dela. Ela se esforça por expressar de forma natural o princípio espiritual de que tem consciência, correspondente ao seu caráter. Na maioria das vezes, tenta reencontrar sua expressão no seu espaço vital material, a fim de criar afirmações para seus valores materiais. Essas pessoas também correm o risco de dar ao ponto de gravidade de suas vidas um peso exagerado, arriscando-se a fracassar no que se refere ao desenvolvimento espiritual.

Características essenciais dos quatro dedos

Mesmo que cada um dos dedos mais longos expresse um princípio diferente do desenvolvimento humano, ainda assim eles têm alguns sinais parecidos, através dos quais revelam um traço característico comum. Com os dedos, o ser humano tenta agarrar um mundo que está além dele, numa esfera divina. Para tanto, ele não só estica os dedos para o ar, mas também para o éter – para o alento de Deus. E é assim que os dedos são impulsionados pela força que cria a essência humana, e de modo silencioso, descontraído, estabelecem contato com o que não depende de espaço e de tempo. Essa impressão distante estimula no ser humano um pressentimento da verdade. No seu coração ecoam essas vibrações eternas. Ele toma conhecimento delas através dos sentidos e nota a presença de um ser infinito por trás de sua densidade material espacial.

Esse pressentimento indefinido é ao mesmo tempo um estímulo para os seus anseios. Do fundo da alma ele pede por uma libertação da sua prisão carnal a fim de viver para sempre na eternidade. Assim sendo, seus dedos são a expressão humana do seu anseio por ultrapassar a prisão material. Esse desejo de transcender a si próprio faz com que o ser humano reflita sobre si mesmo. Aparentemente, ele sai de si mesmo e se torna o objeto da sua contemplação. Essa postura é acentuada nos dedos, de baixo para cima. A nostalgia do céu dá asas à expressão da vontade, o ser humano se esforça para ser consciente, pois deseja a plenitude e a realização. Os dedos, por sua vez, lhe mostram a direção a tomar.

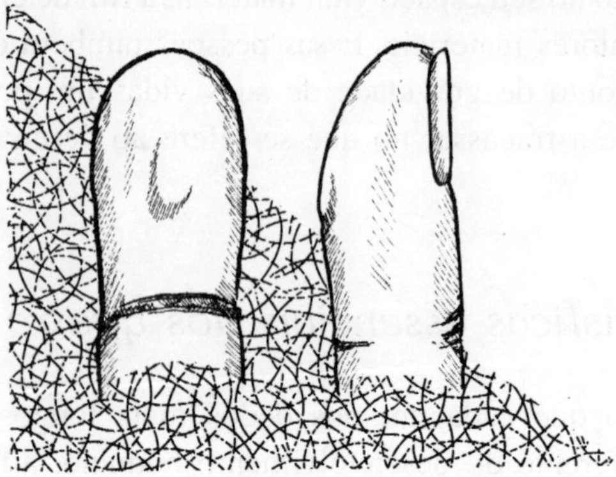

Figura 19

No entanto, nem todo ser humano se aproxima do motivo da sua essência a partir de uma saudade indefinida; muitos homens são cativados pelo transcendente sem que possam fugir. Sua dedicação ao que não tem espaço nem tempo acontece devido a um indescritível sentimento de ter sido tocado por ele. Nos dedos, esse chamado é analisado de cima para baixo. A proximidade do transcendente e a sensibilidade dos homens ao mesmo podem ser avaliadas pelo analista de mãos através dos dedos. Sinais que revelam a dedicação do homem a esse plano divino são os montes dos dedos que estimulam e alimentam a força espiritual dos dedos. Sinais característicos da sensibilidade para a verdade são as "gotas de orvalho" que aparecem na falange superior dos dedos (figura 19). Elas se encontram na polpa dos dedos, no lado voltado para dentro. De modo sutil, destacam-se dos montes dos dedos e se assemelham a delicadas gotas de orvalho numa pétala de flor. A sensibilidade é aumentada se a pessoa tiver as falanges superiores dos dedos longas.

Visto que cada dedo expressa um princípio espiritual, sua sensibilidade ao transcendente é de valor excepcional. Com o Dedo de Júpiter, o ser humano agarra o infinito na esperança de poder

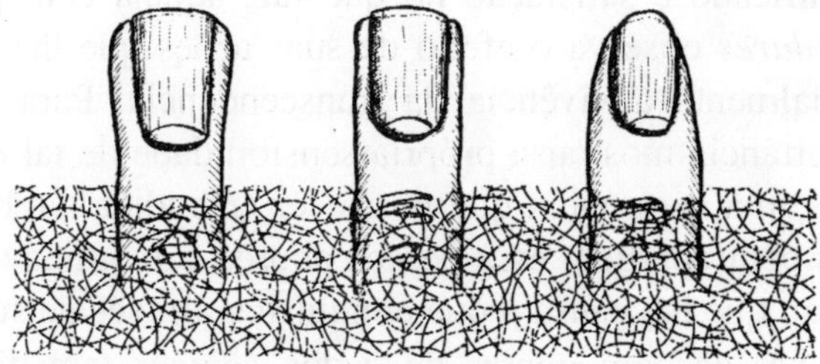

Figura 20

relacionar-se com ele; com o Dedo de Saturno, ele quer criar a eternidade nas coisas passageiras; através do Dedo de Apolo, ele se enternece com o amor intemporal e com o Dedo de Mercúrio ele comunica o imensurável.

As pontas dos dedos mostram ao leitor esotérico de mãos não só a sensibilidade de um ser humano para o transcendente, mas também de que modo essa pessoa expressa o que sente no seu espaço vital. Essa manifestação material da transcendência, que em última análise lhe é dada, corresponde simultaneamente de forma essencial à sua dedicação. Para cada dedo, o princípio assume uma forma ideal. Essa forma ideal é mostrada nas ilustrações deste capítulo e será mencionada outra vez quando analisarmos detalhadamente os dedos. Desvios desses princípios não serão esclarecidos mais profundamente, considerando que para eles podem ser usados significados básicos aproximados.

Uma ponta de dedo de *formato espatulado* (figura 20) força a pessoa a dar expressão direta ao transcendente que o comove. Isso, por outro lado, significa que essa pessoa só poderá se aproximar da sua alma através da organização consciente do seu cotidiano. Com isso queremos mencionar uma direção de vida que pode ser descrita como “viver totalmente no aqui e no agora”. A realização espiritual só é obtida através de ações harmoniosas.

Enquanto uma pessoa com pontas de dedos espatuladas encontra significado e satisfação no que faz, aquela com pontas de dedos *angulares* observa o efeito de suas ações que lhe possibilitam materialmente a vivência da transcendência. Para esta, tem muita importância mostrar a própria sensibilidade de tal modo que sirva como uma mensagem que possa ser entendida também pelos outros. Em contrapartida, essa pessoa aborda o Inominável através da impressão que lhe causa o que conquistou através de suas ações.

Uma pessoa com pontas de dedos *cônicas* tem dificuldade para descrever um acontecimento transcendente e também para percebê-lo por trás da manifestação material. Ela percebe o que não tem espaço nem tempo através da interioridade anímica, como se fosse um som celestial. E é esse som do silêncio que ela manifesta no mundo material através de suas ações. Só quem prestar atenção poderá ouvi-lo.

A forma do dedo como parte da forma total da mão não chega a ser um sinal que provoque mudança de interpretação. Portanto, nela o analista vê uma estrutura básica que pertence ao ser humano. Este pode aceitar essa estrutura ou opor-se a ela. Seja como for, os dedos permitem que se reconheça a direção na qual o ser humano pode manifestar plenamente o seu caráter com a maior satisfação, criando um espaço válido para a bondade em sua vida. Além disso, os dedos mostram com que força o ser humano revela um outro aspecto da sua sensibilidade espiritual. O comprimento de cada dedo em relação aos outros mostra até que ponto o ser humano tende a aceitar o correspondente aspecto e torná-lo atuante em sua vida. A análise das falanges mostra se uma pessoa baseia sua formação em experiências vividas ou se capta o impulso de maneira espiritual. Uma falange inferior grande mostra que a pessoa recebe seus estímulos do mundo material e que também os segue, na maior parte das vezes, no plano material, ao passo que uma falange ungueal grande demais permite concluir o contrário. Uma falange média acentuadamente longa revela que a pessoa vive de perto o princípio espiritual ligado aos dedos. O reconhecimento de sua interioridade torna-se um estímulo para ela viver de acordo com o sentido dos dedos. (Nessa correlação, convém também reler o que descrevemos sobre a divisão tríplice dos dedos no capítulo "A divisão das mãos".)

A força dos dedos revela ao analista com que energia a pessoa segue o princípio expresso através dos dedos. Nesse caso, os montes dos dedos desempenham um papel importante, porque liberam a energia da qual se alimenta a sensibilidade dos dedos. Um dedo grosso sobre um monte achatado só pode ocasionar uma irritação nervosa. O princípio representado pelo dedo mal pode se afirmar no plano material do ser humano de forma válida. Ao contrário, através de um dedo magro a energia flui mais depressa; o que a pessoa sente pode ser manifestado de forma direta e duradoura.

Em última análise, os dedos não devem ser analisados apenas com base nos montes e na palma das mãos, porém deve-se observar se estão bem enraizados na mão. O analista terá de observar suas articulações. Há um trecho sobre os nós dos dedos no final deste capítulo.

O Dedo de Júpiter

Como no dedo indicador continuam a agir as autoconscientes características do Monte de Júpiter como um princípio espiritual, ele é chamado de Dedo de Júpiter. Um Dedo de Júpiter normal é aquele que chega até cerca da metade da falange ungueal do Dedo de Saturno. Nele, uma ponta cônica corresponde à sua forma ideal.

O Dedo de Júpiter fica acima do início da Linha da Vida e da Cabeça. Também é limitado pela Linha do Coração; no entanto, só raras vezes ela também termina na sua esfera de influência. Assim, seus sinais espirituais característicos também têm predominantemente um efeito recíproco com os materiais. Não se trata só do dedo com que apontamos para o mundo, razão do seu nome científico "índex"; com ele também manifestamos a vontade e tentamos dominar os outros. No plano material, este dedo representa a autoconsciência egocêntrica, a formação da individualidade e a capacidade de tornar palpável o nosso espaço vital.

O plano espiritual é semelhante aos princípios materiais. O transcendente é sentido como algo alheio ao ser; contudo, o ser humano acredita que pode ter acesso a ele desde que deseje isso. E então aqui sua adesão ao Inominado baseia-se no seu reconhecimento racional dele. A ponta cônica do dedo favorece esse traço de caráter.

Neste dedo, o elemento racional faz com que o ser humano reconheça a sua vontade de viver. Ele tomará consciência do seu impulso para estar aqui como uma força que atua dentro dele, limitando e formando. É este o ato em que o ser humano aponta para si mesmo com o Dedo de Júpiter, aceitando-se como um Ser. Assim que, depois disso, ele esticar o dedo, o mundo tornar-se-á para ele "a outra pessoa", que estará diante dele e que ele poderá entender. Sua posição determina o seu ângulo de visão e a qualidade de suas idéias. Cabe ao próprio ser humano testar se as imagens de que tomou consciência correspondem ou não à verdade. Sua visão não precisa ser apenas válida, porém, em última análise, essa visão tem de poder ser mantida espiritualmente. Ou seja, o transcendente tem de ser reconhecível. Só então o ser humano saberá que está no caminho certo. Antes de mais nada, isso significa durabilidade de visão, de ação e aprendizado, e é por isso que o Dedo de Júpiter simboliza também a dimensão temporal do crescimento. Um Monte de Júpiter forte demais limita o desenvolvimento espiritual, pois nele dominam forças materialmente condicionadas presas ao ego.

No plano material, cabe ao princípio do Dedo de Júpiter tomar posse do mundo imaginado. O que a pessoa pode apontar com o dedo ela tenta tornar explicável e, portanto, manuseável. Para ela, afirmar-se no mundo significa dominá-lo. Para fazer isso, terá de agarrar o mundo, entendê-lo e segurá-lo. Assim, ela define o mundo por conceitos. Existe nisso um grande perigo para ela, pois se por um lado busca orientação porque pensa no seu espaço vital como algo estático, por outro lado provoca um endurecimento material.

Por causa de suas idéias estarem estreitamente ligadas à sua existência material, realizá-las na prática parece ser muito perigoso. Essa ameaça pode ser maior em certas circunstâncias, se embaixo do Monte de Júpiter as forças atuantes também agirem, mesmo que de forma transformada, no Dedo de Júpiter. As forças vitais ascendentes, impulsivas e animalescas, são selecionadas pelo Eu que conhece, idealizadas e tornadas conscientes dessa forma no Dedo de Júpiter. O que antes era pressão da natureza agora torna-se um imperativo da vontade. Também a auto-afirmação física natural sai do plano e se transforma num programa para a auto-realização. Não é mais a força primordial, a natureza, e também não é mais a verdade que dirige os seres humanos, mas uma autoconsciência modificada por muitas impressões.

A potência da sensibilidade autocentralizada do ser é revelada pelo comprimento dos dedos, sendo que a intensidade das sensações se expressa na grossura dos mesmos. Quanto mais finos os dedos, maior o efeito da pretensão consciente do ser. Num Dedo de Júpiter longo demais, as forças que atuam de longe não devem bastar à expressão do valor da pessoa. Pois se os dedos longos demais não tiverem a grossura correspondente, a autoconsciência terá de sair em busca da concretização desse desejo de expressão. Esse tipo de pessoa se sentirá esmagada pelas exigências do próprio eu. Ela sofrerá devido à discrepância entre o domínio que manifesta no exterior e a pusilanimidade que se esconde no seu interior.

Essas afirmações também servem para um Dedo de Júpiter pequeno demais, de tal modo que o significado básico da força do ego pode ter valor relativo. Muitas pessoas acreditam que a estada do ser humano aqui na Terra serve principalmente para a libertação do seu aprisionamento em relação ao ego. Na maioria, essas são pessoas com uma falange ungueal do Dedo de Júpiter grande, e não teriam antipatia por um Dedo de Júpiter pequeno na própria mão, visto que este lhes prometeria de qualquer forma um ego fraco. No entanto, a libertação do aprisionamento ao ego não significa o desaparecimento da autoconsciência, mas indica o fim da concentração em si mesmo. E para fazer isso é imprescindível a atuação do Dedo de Júpiter, considerando-se que o pressuposto necessário para o autoconhecimento é uma autoconsciência madura.

As revelações dadas pelo comprimento do Dedo de Júpiter são comprovadas adicionalmente pelo tamanho de suas falanges. A falange inferior representa a autoconsciência que se alimenta numa fonte natural que capta e forma o mundo. A falange média representa a razão que dá nome e confirma a si própria. Aqui o ser humano tenta explicar o mundo a si mesmo. Com a falange ungueal ele tateia por um recanto na eternidade, para onde o seu eu possa fugir. O sucesso dessa busca é a certeza tranqüilizadora do seu ego de que o transcendente se lhe escapa e, em última análise, à sua interpretação.

Se a falange inferior dominar, o ser humano quer afirmar essencialmente uma exigência material da sua natureza pessoal. Seja como for, ele não pretende conquistar dessa forma uma coroa de louros ao explicar que existe o céu na terra. Se ao contrário, a falange média for maior, muitas pessoas poderiam tornar sua a tarefa de concretizar o céu na terra. Nos dois casos, sua sensibilidade pessoal se entrelaça tanto com a razão, que ter razão se torna a sua razão de viver. Se a ênfase recair na falange ungueal, a pessoa anseia pela transcendência. Como não está com ambos os pés fincados no chão, ela busca apoio na dissolução do seu aprisionamento ao eu, pois ela não consegue descobrir a contradição nele contida. No entanto, a aparente libertação do seu eu ainda continua a ser uma libertação com raízes no eu, no Dedo de Júpiter. E, assim, a vibração considerada livre continua centrada no eu, ainda que com mais comedimento.

O Dedo de Saturno

O Dedo de Saturno é o dedo médio da mão. Seu comprimento é normal quando o meio da sua falange ungueal ultrapassa o Dedo de Júpiter ou o Dedo de Apolo. Se a ponta do dedo for angular, ela corresponderá totalmente às suas características ideais.

Uma imagem que mostra a essencialidade do Dedo de Saturno de modo simbólico são os três dedos da mão erguida para fazer um juramento. Com o polegar e os dedos de Júpiter e de Saturno, o ser humano chama o poder divino como testemunha da sua correção. O Dedo de Saturno ultrapassa os dois outros, bem como normalmente forma a ponta da mão. Portanto, é o dedo que está mais próximo da realidade. É por isso que vale como símbolo do homem que age a partir da verdade dos fatos.

Como expressão do que é essencial nele, o ser humano parece enraizado numa força que o sustenta, cujo impulso ele capta através do Dedo de Saturno, usando-o no seu espaço vital; na verdade, ao mesmo tempo ele ergue as mãos para o céu em forma de oração a fim de suplicar pelo toque do intemporal. Através do Dedo de Saturno ele expressa que, embora viva o mundo interior, não está separado dele.

O mundo não termina em seus limites físicos, porém, flui com o mundo e este flui com ele. Com esse entrelaçamento, o ser humano conhece a subjetividade do objetivo. O que ele capta como eternamente válido transforma-se na sua máxima. Fazer isso surgir de forma válida no mundo material é a sua intenção espiritual. Pela tentativa de dar forma ao Inominado que vibra no seu interior, ele modela o mundo como o seu espaço vital. Por sua vez, no mundo, ele procura pelas pistas da objetividade que se oculta por trás de suas formações subjetivas. Isso se transforma numa constante busca de pistas naquilo que cria a partir de si mesmo e do seu conhecimento do mundo. Por um lado, é um produto do seu empenho subjetivamente desejado; por outro, é a manifestação não limitada nem pelo espaço nem pelo tempo daquilo que ele considera um resultado de duração infinita. Portanto, em primeiro lugar, a característica do Dedo de Saturno é dar forma e expressão à vida.

O objetivo original desse princípio – nem sempre compreendido pelos homens – é possibilitar conhecer o que, em última análise, seria uma ação não-condicionada pelo karma. No entanto, as ações cotidianas, na maioria das vezes, têm uma vaga semelhança com esse ideal. Do toque infinito na consciência resta a conscientização; do mundo intuído como um todo resta o senso de responsabilidade e a percepção do mundo objetivo através do mundo subjetivo, o que leva a uma dependência. Todas essas são características que se definem com o conceito geral de retidão, sendo que uma ponta de dedo angular revela uma contraparte ideal que anseia pela transcendência.

O Dedo de Saturno é que divide a mão: de um lado, as forças com ênfase na identidade, que incluem o polegar e o Dedo de Júpiter; do outro, as forças predominantemente espirituais, com os dedos de Apolo e de Mercúrio. Sendo assim, o Dedo de Saturno representa o papel de guardião do limiar. Ele torna perceptível ao ser humano a passagem existencial de uma para outra dimensão. Simbolicamente, o homem pende entre a ação ativa e a dedicação passiva; a última conseqüência dessa alternância revela o já mencionado princípio de unidade de conhecimento e ação como o sentido primordial do Dedo de Saturno.

As forças atuantes no Dedo de Saturno se esforçam por assumir forma no espaço vital humano. É por isso que o analista esotérico de mãos dá grande valor à força de transformação contida simbolicamente nesse dedo. Um Dedo de Saturno normalmente fino, com um comprimento normal, seria o ideal, ao passo que os desvios extremos do ideal seriam dedos largos ou finos demais. Num dedo demasiado *largo*, a força fica contida em si mesma. Ela flui fracamente e seus movimentos são preguiçosos, embora duradouros, o que influencia por sua vez a pessoa: ela atua reflexivamente no mundo: não desiste do que se propõe fazer com facilidade e persegue o seu objetivo com força e teimosia. Como é excessivamente teimosa, dificilmente se deixará desviar do caminho pretendido. Para tanto, são mais apropriadas as fases contidas e controladas de reflexão. Uma pessoa com o Dedo de Saturno *fino* demais faz exatamente o contrário. As forças que atuam sobre esse dedo fluem muito depressa, de forma que a pessoa não consegue captá-las e transformá-las. A pessoa parece bastante ativa, mas suas ações carecem de substância. Tudo o que cria é frágil e imperfeito, visto que lhe falta a persistência para lançar um alicerce sobre o qual possa construir. E assim atua de modo erradio e fugaz.

O comprimento dos dedos revela o impulso interior através do qual a pessoa se sente pressionada a transformar as exigências materiais e transcendentes. Com um Dedo de Saturno *longo*, a pessoa alcança bem longe nas esferas do além, sendo bastante equilibrada em suas ações. Para ela, isso significa que pode partilhar com os outros o que tem valor eterno, de forma especial. O ser humano sente que tem a responsabilidade de dar forma àquilo que sente que é real no seu mundo. Suas ações têm de ser válidas para si mesmo e têm de ter valor global também. Ao menos ela se esforça por conseguir esse resultado. Para tanto, age com notável percepção da substância espiritual dos fenômenos materiais e a partir de um vasto senso de justiça.

Um Dedo de Saturno demasiado *pequeno* limita a sensibilidade do ser humano para as exigências do que independe de tempo e de espaço. Ele se recolhe em sua concha como um caracol e, assim, num posicionamento mais distante, mantém-se imune às solicitações. Mas, dessa forma, ele também perde o sentido do que é reconhecido como válido para toda a humanidade. Dependendo da predominância do dedo vizinho, ele contempla o mundo de um ponto de vista demasiado idealista ou egoísta. Seja como for, não dá muito valor a tornar visível a sua sensibilidade espiritual, aplicando-a no mundo material. Como lhe falta a sensibilidade interior para ações representativas e justas, é uma pessoa bastante imprevisível; além disso, falta-lhe o necessário poder de decisão. Um Monte de Saturno bem desenvolvido, no entanto, pode compensar os efeitos negativos de um Dedo de Saturno curto demais, ao menos no plano material.

Entretanto, as conseqüências de um Dedo de Saturno longo demais são problemáticas. A pressão causada pela sensibilidade a uma verdade definitiva acaba se tornando um fardo para a alma e para o corpo. A pessoa se sente esgotada devido à necessidade de fazer justiça aos seus talentos. O peso do que tem de fazer pressiona de fato a sua capacidade de criação, e ela acaba cedendo à influência dos seus sentimentos. E, assim, resta uma determinada opressão e uma crescente melancolia. Para obter alívio, só se o Monte de Júpiter for mais forte; um monte achatado, ao contrário, só acentuaria uma enorme sensação de desamparo.

Quando a falange média domina, o Dedo de Saturno corresponde melhor às suas características ideais. Nesse caso, ele assume o papel intermediário entre ser tocado pela transcendência e traduzir no mundo material aquilo que sentiu.

O Dedo de Apolo

O denominado "belo dedo", em razão de ser aquele em que a pessoa usa os anéis, é o Dedo de Apolo. Idealmente, a ponta desse dedo, bem como a falange ungueal, é espatulada. Seu comprimento é normal quando chega mais ou menos até a metade da falange superior do Dedo de Saturno, sendo portanto quase tão longo quanto o Dedo de Júpiter.

Pelo Dedo de Apolo o ser humano percebe que não ultrapassou os seus limites. Não se trata de uma sensação, mas de uma percepção intuitiva da imagem da própria alma. Na abordagem cuidadosamente feita a essa imagem da interioridade da alma, a pessoa vivencia a finalidade da grandeza da sua alma. Sente, ao mesmo tempo, que a alma necessita da complementação divina para alcançar uma expansão perfeita. A ligação espiritual com outra pessoa por certo já representa uma expansão; no entanto, trata-se, em última análise, de mais uma limitação. Contudo, enquanto continua limitado, o ser humano é fragmentado, e só através de uma complementação auxiliar ele ultrapassa a própria imperfeição. Se, no entanto, essa complementação também for fragmentária, a cisão apenas se tornará maior.

No âmago da sua alma, o ser humano sentiria essa fragmentação, e sua sede de cura continuaria inatendida.

O Dedo de Apolo é a expressão simbólica do anseio do ser humano de encontrar a complementação eterna no que não tem tempo nem espaço. Esse caminho de cura é unicamente o caminho da dedicação, pois o ilimitado não pode ser captado através do limitado. E como o limitado repousa no ilimitado, a pessoa sofrerá um engrandecimento enorme assim que se libertar de seus limites, entregando-se aos outros.

Para o ser humano, isso significa que é necessário tomar consciência do que o anima: deixar-se invadir pelas vibrações da alma. E na sua sensibilidade ao imensurável ele vivencia, ao mesmo tempo, a própria grandeza da alma que pulsa em eterna expansão, e limitação no que se refere ao mundo, pois essa é a característica do Dedo de Apolo – o fato de firmar o seu caráter na dedicação que ele expressa, naquilo que o estimula. A pessoa animada pelos outros transforma-se num caráter no qual os outros, coagulados no espaço/tempo, conseguem um oponente valioso. Assim sendo, a dedicação aos outros é outra característica do Dedo de Apolo. Só que o que em algumas pessoas se explica pelo fato de tornar-se um com o intemporal, outras conseguem realizar num plano mais denso. Nesse caso, os outros não precisam se revelar a elas vindos das esferas celestiais. Não; elas deixam que esses outros tenham uma presença criativa. Elas mencionam os outros não com a intenção de se limitarem, mas para ultrapassar a si mesmas, para se manifestarem como um Ser comum através dos outros. Esse outro não precisa ser necessariamente um ser humano; pode, melhor ainda, tratar-se de um fenômeno material, simbólico, que se transforma num manancial adequado, efêmero, da sua ação criativa. E, na medida em que se reconhecem na forma criada como "outra pessoa", ao mesmo tempo a presença do eterno se manifesta através delas. Assim se fecha o círculo, o relacionamento entre os outros e a pessoa; no plano material, esse relacionamento corresponde ao relacionamento entre o eu e o outro no plano espiritual – o ser humano se complementa e se torna um complemento. E é aí que descobrimos outro significado do Dedo de Apolo, ou seja, a força criativa do ser humano, sua capacidade de criar coisas belas por si mesmo e assim, indiretamente, de dar expressão à beleza da sua própria criação.

Finalmente, o Dedo de Apolo simboliza a capacidade de amar dos seres humanos, que é a mais sublime expressão de dedicação e entrega aos outros. De forma celestial, essa ligação se revela nos seres humanos como uma bênção, enquanto em sua forma mais nobre no plano material terreno ela é entendida como o amor fraternal. E como o amor altruísta abre o coração dos seres humanos, eles se tornam sofredores solidários com o mundo. Não se trata de um esforço cultural, de uma responsabilidade fragmentada surgida da compaixão moral, mas de um sofrimento muito doloroso, uma participação na sensibilidade do Eterno Criador.

Para avaliar a força atuante no Dedo de Apolo, o analista terá de analisar comparativamente também o Dedo de Júpiter; além disso, a expressão da tensão entre a estrutura do eu nele representada e a dedicação aqui revelada ao outro constituem-se num momento essencial determinado pelo Dedo de Apolo. Essa qualidade se expressa no relacionamento mútuo do comprimento dos dois dedos.

Se os dedos de Apolo e de Júpiter tiverem o *mesmo comprimento*, o equilíbrio dos pratos da balança estará na dedicação enriquecedora ao transcendente e à autoconsciência terrena. A vontade de o ser humano apoderar-se do Céu se realiza na dedicação franca ao que o anima, encontrando assim uma compensação suportável. Ele conhece os limites do seu ego e, ao mesmo tempo, dispõe de uma confiança, nascida no coração, de que o celestial atua através dele.

Se o Dedo de Apolo é *mais comprido* que o de Júpiter, o ser humano se aproxima mais da sua vida interior do que do seu espaço vital exterior. Ele dispõe de um claro senso de realidade, mas gosta de se iludir sempre que tem desejos. De certa forma, tende a se refugiar na sua torre de marfim. Essa característica se transformará num distanciamento misantrópico do mundo, se o Dedo de Apolo for longo demais. Mantendo um distanciamento do eu, essa pessoa vive excessivamente voltada para si mesma. É no seu interior que sustenta um diálogo confuso com um mundo de imagens ricas, multifacetadas. Ela evita o mundo exterior não apenas por medo de não conseguir sobreviver nele, mas por ter a certeza de que não será entendida por ele. Ela tenta compensar a carência de autoconcentração através da tentativa de se encostar demais em outra pessoa. Se ao fazer isso encontrar um parceiro ideal, esse relacionamento poderá ser muito feliz e compensador.

A influência transcendente sobre um Dedo de Apolo longo dá facilmente ao ser humano um sentimento de vida de sempre ter de agir a certa distância, a partir da sua identidade. E, de fato, sua expressão vital não é totalmente sua: ele sente muito mais que está sob uma espécie de orientação, que o deixa agir sem questionamentos. É assim que terá êxito também em nadar contra a correnteza quando a força do seu Dedo de Júpiter não for suficiente.

Além da comparação do comprimento relativo do Dedo de Apolo com o de Júpiter, para o analista ainda é interessante reparar no tamanho absoluto do Dedo de Saturno. Nesse caso, um Dedo de Apolo longo demais atua como que dando asas à força da imaginação de uma pessoa; por outro lado, sua capacidade de conscientização do seu mundo é sensivelmente perturbada. As projeções das suas imaginações obtêm mais validade do que a realidade comum para ela. Uma pessoa desse tipo é e continuará sendo idealista. Eventuais desapontamentos mal a farão desviar-se do seu ideal, pois em última análise para ela é mais significativo estar impregnada pelo ideal do que dar testemunho dele no seu espaço vital.

Um Dedo de Apolo *pequeno demais* pertence a uma pessoa que contempla o relacionamento humano, na maioria das vezes, sob o aspecto do cálculo de custos e benefícios. Essa pessoa só raramente será um tesouro para o seu semelhante; comumente, o relacionamento é algo com que ela não sabe lidar. E é assim que ela passa pelo mundo: onde outros, em momentos de entrega, podem perceber um fio dourado que captam para ter satisfação, essa pessoa age plenamente a partir da objetividade do Dedo de Saturno e com o Dedo de Júpiter estendido para a meta. Satisfação – uma experiência anímica interior – não pode ser para ela uma meta. Seus objetivos se voltam para o reconhecimento e o respeito dos outros no plano material.

Se o Dedo de Apolo for *fino demais*, à pessoa faltará força para usar os talentos criativos que se escondem no seu íntimo. Também sua capacidade de estabelecer e de manter relacionamentos será limitada. É verdade que ela consegue estabelecer um contato mais rapidamente do que os outros; no entanto, a esses relacionamentos falta profundidade. De forma um tanto diferente se apresenta a carência quando o Dedo de Apolo, à primeira vista, parece suficientemente forte, mas visto de perfil se revela com grossura insuficiente. Nesse caso, a capacidade de vivências anímicas interiores é muito fraca, a ponto de a pessoa ter uma percepção menos duradoura dela e só poder experimentar um crescimento espiritual através da sua dedicação aos demais. Visto que o fato de se relacionar não desperta vibrações dignas de nota em sua alma, ela tenta, através da intensificação das sensações superficiais, dar à sua dedicação ao próximo certa profundidade. Mas assim ela só contribui para o enfraquecimento da sua já pouco intensa capacidade de percepção. Seus contatos são bastante ocasionais, por lhe faltar a postura interior da disposição de se relacionar. O potencial criativo dessas pessoas continua preso na sensibilidade à beleza e está sujeito à influência das mudanças impostas pela moda.

Num Dedo de Apolo mais *largo e grosso*, as forças nele fluentes têm suficiente espaço para tocar a alma das pessoas. As características do Dedo de Apolo podem se desenvolver de forma positiva. Se o Monte de Apolo também for alto, as forças artísticas serão ativadas em grande medida. Forças bem evoluídas da Lua e de Vênus favorecem a força visionária do ser humano.

Na análise e julgamento das articulações do dedo, o analista esotérico de mãos partirá do conceito de que uma falange ungueal predominante corresponde ao ideal. Nesse caso, a pessoa tenderia com tal intensidade ao transcendental que poderia ser perceptivelmente tocada por ele. Se a falange média for a maior das três articulações do dedo, a pessoa corresponderá às características desse dedo através do potencial criativo. A acentuação da falange inferior sempre permitirá que apareça outra vez o anseio de o ser humano ser curado. Como isso acontece no plano mais denso, esse tipo de pessoa continuará sendo sempre um buscador e se esforçará por obter sempre novos impulsos para manter sua alma em vibração.

O Dedo de Mercúrio

Na quiromancia, o dedo mínimo é atribuído a Mercúrio. Ele deve ter o mesmo comprimento do polegar e chegar até o início da falange superior do Dedo de Apolo. Idealmente, o formato da ponta do dedo deve ser cônico.

O Dedo de Mercúrio coroa o lado da mão relativo ao outro, e a força do Monte da Lua, distante do ego, do grande Monte de Marte e do Monte de Mercúrio, flui para ele. Por outro lado, o Dedo de Mercúrio, embora diferentemente dos outros três dedos próximos, pode afastar-se bastante da mão e tem acesso ao transcendente em medida especial. É por isso que nele não atuam as forças da identidade, que impulsionam as pessoas a usá-las no próximo espaço vital para entenderem e manifestarem o que sentiram. O significado simbólico do Dedo de Mercúrio abarca essencialmente dois princípios, ou seja, a essência racional e a espiritual dos seres humanos. Espiritualidade e razão são dois fenômenos diferentes de uma mesma causa primordial, isto é, constituem a abordagem do ser humano à sua natureza espiritual personificada no Dedo de Mercúrio. A diferença quanto ao Dedo de Apolo é que essa aproximação do espiritual não acontece a partir de um relacionamento entre a pessoa e os outros para o transcendental, porém se trata exclusivamente de uma disposição passiva de chegar até os outros, de ser os outros. Para muitas pessoas, é incompreensível que também na disposição para a entrega não possa atuar conjuntamente a sombra do ego. No mais, a natureza prevista do Dedo de Apolo é modificada no plano espiritual e, de fato, através da entrega, sem contudo haver a possibilidade de a pessoa dar expressão válida a essa experiência.

O Dedo de Mercúrio é de especial sensibilidade para todas as vibrações que influenciam os seres humanos. Ele é também um radar com o qual o ser humano rastreia a distância o que se aproxima dele. É por isso que muitas pessoas apontam o Dedo de Mercúrio de modo inconsciente na direção em que se sentem influenciadas ou na qual querem exercer influência sobre os outros. No plano espiritual, essa troca acontece de forma naturalmente mais sutil. É ao mesmo tempo uma modulação da vibração que o ser humano controla na livre dedicação ao transcendente, e através da qual ela se torna parte da totalidade com tudo o que a envolve, com tudo o que apóia a sua natureza essencial. Continuando com a mesma alegoria, parece tratar-se de uma suave modificação que traz consigo um chamado da felicidade, no qual o indivíduo capta o Imensurável através de uma tranqüila contemplação. Além disso, o primeiro sinal da transcendência no Dedo de Mercúrio é o fato de o espírito nele atuante não alcançar o seu significado a partir dos anseios do ser humano, mas a partir de um espaço em que ele não possa se imaginar ou querer estar.

Como ser limitado que é, o ser humano não pode estabelecer nenhuma comunicação com o Ilimitado. No entanto, o Ilimitado pode revelar-se a ele. Para isso, ele tem de estar vazio, como um recipiente que o Ilimitado possa encher. Contudo, ao contrário de um recipiente, o Ilimitado não se deixa conter pelo limitado, senão deixará vestígios no ser humano, rompendo as estruturas da sua limitação. Um ser humano ao qual isso aconteceu poderá testemunhar o fato e tornar-se intermediário entre as duas esferas. Isso aponta para outro princípio do Dedo de Mercúrio, ou seja, o fato de ele expressar a capacidade de os seres humanos ultrapassarem o seu "si mesmo", a sua natureza, de se tornarem plenos num "si mesmo superior" que os apóia, isto é, na sua essencialidade e, finalmente, de serem impregnados pela força global da consciência eterna.

Essa capacidade de adaptação é também uma característica que esgota a alma dos homens. Apesar disso, é necessária para essa capacidade de entrega aquela disposição passiva de ser tomado pelas vibrações e de deixá-las ressoar em seu íntimo, o que requer coragem. Coragem, porque o ser humano primeiro precisa se libertar da própria centralização para que surja o espaço no qual o som divino possa repercutir. Só então ele recebe de modo sensível e revigorante a transformação e a misericórdia. A partir daí, torna-se um ser dirigido, alguém em quem vivem os talentos recebidos. Esse é o princípio mais elevado do Dedo de Mercúrio.

Todavia, aquela pessoa que, graças à sua capacidade de crença como forma de expressão espiritual, foi menos temerária e não empreendeu a aventura da dedicação incondicional ao Inimaginável, está um passo adiante. Então, com base na sua interioridade anímica, acredita que está no caminho certo. No entanto, desvios no caminho não estão excluídos, pois com grande freqüência aparecem os desejos que levam ao erro. Nisso está, além de tudo o mais, a mais perigosa tentação do Dedo de Mercúrio, principalmente quando os outros dedos acentuam traços fantásticos ou características egomaníacas da pessoa, e esta quer realizar no plano material os fenômenos transcendentais para os quais esse dedo aponta. É por isso que, para analisar apropriadamente a força espiritual contida no Dedo de Mercúrio, o analista precisa considerar também os outros dedos. Como para transcender a si mesma a pessoa precisa fazê-lo como um todo, um Dedo de Mercúrio bem desenvolvido não bastará se os outros dedos da pessoa apontarem para um enraizamento no plano terreno. Por certo que o Dedo de Mercúrio poderá ainda assim ser uma orientação para a pessoa; contudo, suas aptidões transpessoais só servirão para enriquecer a sua força material numa outra dimensão.

Apesar de o Dedo de Mercúrio abrigar em si apenas forças distanciadas do ego, ele simboliza procedimentos estabilizadores do eu no plano material. Naturalmente, esses procedimentos não podem ser transmutados pela expressão da vontade da natureza egóica, pois dispõem de uma dinâmica própria. Esta, no entanto, pode ser de tal impetuosidade, que dá orientação à vontade do ser humano.

A visão do que é verdadeiro no plano espiritual, sem conceitos egocêntricos, é uma característica do Dedo de Mercúrio, no plano material inclusive. Essa visão permite que o ser humano tome consciência do seu espaço vital de forma desinteressada, como se não lhe dissesse respeito. Ele então compreende o mundo como algo separado de si mesmo. Os conceitos não estão mais ligados às suas experiências pessoais, mas atuam como abstrações caracteristicamente correlacionadas com elas. Através da conscientização das tensões, ligações e efeitos daí resultantes, o mundo lhe é apresentado como algo sobre o qual refletir. Isso fundamenta o princípio material do Dedo de Mercúrio, ou seja, a aptidão para o pensamento abstrato, para o juízo como uma função pura, livre, do eu. Assim, o ser humano pode se imaginar até o final do mundo, desvendar dimensões e nelas atuar, dimensões que ultrapassam de longe a quadridimensionalidade. Sim, o seu entendimento de longo alcance adquire uma dimensão própria, com o seu código próprio de leis. O ser humano ouve o que lhe diz a sua compreensão, a qual pode interpretar o mundo sem restrições e de múltiplas maneiras, descobrindo sempre novas perspectivas. A essas descobertas ele dá durabilidade, desde que as torne inteligíveis, traduzindo-as por palavras. Sendo assim, outra característica do Dedo de Mercúrio é a palavra como símbolo da comunicação, com a qual o homem recebe ensinamentos comuns. E é também por meio da inteligência que o ser humano capta o que lhe é dito, separando-o de suas limitações concretas, obtendo dessa maneira novos conhecimentos que por sua vez se tornam parte da comunicação. O juízo simbolizado no Dedo de Mercúrio é comum à humanidade e tem uma transcendência material.

Quanto *maior* for o Dedo de Mercúrio, tanto maior será a naturalidade com que será possível ao ser humano lidar com abstrações. O comprimento do dedo também revela a sua capacidade de reconhecer as sensações, os conhecimentos e os desejos e de expressá-los por palavras. Também a sensibilidade para a transcendência pode ser bem desenvolvida. Só que ela pode se esgotar na busca pelo significado das polaridades, no intuito de reconhecer o todo maior no plano mais denso da matéria. O analista reconhece à qual dessas características a pessoa dá maior ênfase, através, entre outras características, da avaliação das articulações dos dedos. Ele terá de avaliar as revelações do Dedo de Mercúrio junto com a forma dos outros dedos. Assim, por exemplo, um Dedo de Mercúrio longo pode completar em parte um Dedo de Júpiter fraco. Só que, nesse caso, o Dedo de Mercúrio adquire características que na realidade não correspondem ao seu significado. Então essa pessoa *exige* o que, em última análise, só lhe pode ser presenteado. Um Dedo de Saturno fraco faz com que haja perda de profundidade e de sagacidade na compreensão. Essa pessoa perde tempo malhando em ferro frio com palavras vazias de sentido. Por certo, ela emite suas opiniões sobre tudo e com todos; no entanto, na maioria das vezes, falta conteúdo significativo ao que ela diz. Se o Dedo de Apolo for visivelmente fraco, as características materiais do Dedo de Mercúrio se destacarão mais do que seria normal. Uma pessoa com essa característica em geral desenvolve um talento considerável para encher o bolso de dinheiro, além do normal. Ela age com grande esperteza e sempre descobre novos modos de ação.

Se o Dedo de Mercúrio for *longo demais*, o desenvolvimento de suas características positivas se transformará no oposto, graças ao exagero em tudo. A pessoa facilmente se torna irrealista, pois deixa de distinguir entre a sua força espiritual latente e as suas forças instintivas. No plano material, ela se esforça por conhecer os detalhes de tudo e, em virtude do seu conhecimento específico, desenvolve suficiente força de pensamento; no entanto, com grande freqüência, esse conhecimento não resiste a um exame, visto que, enlevada com as próprias palavras, a pessoa acaba formulando suas idéias sem dar margem a diálogos que pudessem comprová-las.

A pessoa com um Dedo de Mercúrio *curto demais* dará predominância às suas tendências materiais. A força reunida no dedo não basta para transmitir de forma inteligível à pessoa o transcendente. Essa pessoa irradia certa frieza, o que também pode acontecer em razão de o seu julgamento se orientar lucidamente pelos aspectos materiais dos fatos. Além disso, essa pessoa é de extraordinária franqueza, o que a torna pouco amada em determinados círculos. Se o dedo curto também for fino e se, simultaneamente, a pessoa tiver uma falange ungueal pronunciada, ela mostrará pouca opinião própria e acabará dominada pela influência das idéias alheias. Esse fato torna bastante claro que, no sentido mais elevado, o Dedo de Mercúrio também exige, além da necessária força pessoal, um bom senso de personalidade. Afinal, a pessoa precisa desenvolver a dedicação ao transcendente a partir da liberdade interior. E para isso é necessária certa força de personalidade. Fraqueza do eu e cansaço vital não devem ser equiparados, no entanto, à dedicação consciente ao Inominado; e, por outro lado, o cerne egocêntrico de personalidades fracas na verdade fica oculto e é pequeno, mas também é demasiado duro.

No sentido geral, em correlação com o seu princípio espiritual, o Dedo de Mercúrio é um pouco mais fino do que os outros dedos. Um Dedo de Mercúrio *carnudo demais*, ao contrário, concentra em si muita força terrena. Uma pessoa com esse tipo de dedo será tentada a viver as forças ali contidas em sentido simbólico e, dessa forma, a firmar suas estruturas.

Ao avaliar as falanges, veremos que uma falange ungueal predominante mostra que a pessoa tende para o lado transcendental da vida. No caso de se tratar do Dedo de Mercúrio, isso significa que, no âmago da sua alma, a pessoa abre uma janela para o Imensurável, pelo qual pode se sentir tocada. Se a ênfase recair na falange média, a capacidade de comunicação e a força de julgamento são os princípios que fluem primariamente no Dedo de Mercúrio dessa pessoa. Aparentemente, nesse plano ela tem capacidade de se comunicar com o Imensurável. Se a falange inferior for a maior do Dedo de Mercúrio, a pessoa tenderá a traduzir de forma prática os conhecimentos que adquirir com seus julgamentos. Aí a força atua intuitivamente. A pessoa adquire certeza do que é possível. Isso aparece no que se diz ser "uma boa mão para negócios".

Por último, é preciso notar que as pessoas que conseguem afastar bastante o Dedo de Mercúrio (cerca de 30 ou mais graus) despertam uma confiança extraordinária nas outras porque se aproximam delas com uma compreensão maior do que a natural. Isso pode ocorrer porque essas pessoas têm uma rara sensibilidade para tudo o que é comum à raça humana, o que as faz se reencontrarem nos semelhantes, sem nenhum problema.

Outras características importantes

Além da forma dos dedos, o analista observará outros sinais ao analisar as mãos. Esses sinais lhe darão informação sobre a permeabilidade dos dedos às energias que neles fluem.

O sinal que chama mais a atenção quando se contempla a face interna da mão são por certo as dobras das falanges.

Essas articulações separam uma falange da outra, isolando dessa forma diferentes esferas do desenvolvimento espiritual e diferentes formas de expressão. As juntas menos acentuadas favorecem a troca de forças entre as falanges, enquanto juntas acentuadas muitas vezes atuam como bloqueios que dificultam a passagem de um estado de ser espiritual para outro. Estrangulamentos na forma de cadeias, comuns na base dos dedos, tiram o impulso da força que ascende aos dedos, oriunda do monte correspondente. Na expressão desse tipo de dedo a pessoa percebe um certo distanciamento em relação ao plano material. O dedo parece estar voltado para o transcendente. No entanto, se a avaliação das falanges contradisser essa imagem, falta leveza a esta dedicação; em vez disso, no seu lugar aparece o anseio consciente por dimensões celestiais.

Desenhos mais sutis são as linhas existentes sobre as falanges. Linhas no sentido do comprimento do dedo favorecem o fluxo de energias e dão mais força ao dedo; ao mesmo tempo, elas estabilizam visivelmente as características do dedo correspondente. Linhas transversais, ao contrário, atuam como um freio e enfraquecem a força dos dedos. Elas não provocam diminuição da energia, porém atuam de forma mais ou menos cíclica. Com a freqüência das linhas no sentido do comprimento e no transversal também se fortalecem as outras características dos dedos.

Outro sinal que influencia diretamente o fluxo energético de um dedo são os cortes na falange inferior. Aí o fluxo de energia proveniente do monte do dedo correspondente parece ficar sempre estagnado. Isso leva a um enfraquecimento geral da expressão do dedo nos planos material e vital, conforme os sinais espirituais do dedo se manifestem de forma desproporcional. Pessoas desse tipo captam e expressam o sentido dos dedos de forma extremamente contraditória. Por exemplo, num caso assim, o anseio por demonstrar o próprio valor inerente ao Dedo de Júpiter anda de mãos dadas com um complexo de inferioridade.

Um sinal que influencia de modo essencial o significado de um dedo é o desvio da falange ungueal para a esquerda ou para a direita do eixo do dedo. Nesse caso, o dedo que se inclina para outro assume as tendências deste último.

Os dedos de Mercúrio e de Júpiter podem voltar-se para fora, o que de certa forma acentua o seu sentido original. No Dedo de Júpiter, isso torna evidente a característica do egoísmo, conquanto no Dedo de Mercúrio se eleve a sensibilidade para o transcendente.

Para o analista esotérico, uma outra possibilidade de esclarecer o direito e a motivação da dedicação de uma pessoa ao transcendente é a mobilidade dos dedos. Pela sua flexibilidade, ele descobre quais dedos se relacionam com os outros mais estreitamente. Para fazer essa avaliação, ele pede que a pessoa analisada coloque as palmas das mãos sobre o tampo de uma mesa e levante para trás todos os dedos, um por um. Observando como os dedos se movem, o analista descobre em que medida existe uma ligação entre eles. Do mesmo modo, ele pode descobrir também qual é o dedo que, numa relação de troca, dá o impulso e qual é o passivo, o que atua dando apoio. Se, por exemplo, ao erguer o Dedo de Júpiter isso fizer o Dedo de Saturno apoiar-se visivelmente sobre o tampo da mesa, ao passo que no movimento oposto o Dedo de Júpiter mal demonstra um movimento, esse fato revelará ao analista que a pessoa pode contar com a estrutura de apoio do Dedo de Saturno sempre que estiver se utilizando das forças de Júpiter.

Os nós dos dedos

Ao analisar os nós dos dedos, o analista esotérico fará uma distinção entre os nós dos dedos e as raízes dos mesmos. Estas últimas são os nós que existem nas costas das mãos, enquanto os nós dos dedos são os que separam as falanges. Estes não devem ser confundidos com ossificações doentias das juntas dos dedos que, por certo, também influenciam o caráter de uma pessoa, mas com certeza não são a expressão da sua natureza essencial.

Conquanto os nós dos dedos sejam uma indicação de como o ser humano estrutura as forças dos dedos, o analista tira das raízes dos dedos mais um indício para avaliar o potencial material e espiritual de uma pessoa. As raízes dos dedos simbolizam o inconsciente anímico. Representam, portanto, uma força que de forma sutil dá ao ser humano estabilidade numa ou noutra direção, além de lhe dar um peso adicional. Se as raízes dos dedos forem muito fundas na mão, isso significa que, na sua alma, a pessoa está profundamente ligada à sua natureza. Seu bem-estar físico está sutilmente associado à sua sensibilidade anímica, e sua vida espiritual, na maior parte das vezes, está associada a uma experiência dos sentidos.

Raízes dos dedos proeminentes, ao contrário, apontam para o fato de que a transição entre a psique e o espírito é vivida como algo fluente. Com a força anímica, a pessoa estimula o espírito através de símbolos, ao passo que transmite impulsos revigorantes à sua mente com a força da alma. Essa pessoa vive a vida interior com um pé fincado em outra dimensão.

A influência dos nós dos dedos é diferente. Eles são como recipientes para as forças que percorrem as falanges. Neles, as energias são filtradas e medidas, para depois, em doses certas e de forma canalizada, poderem continuar a fluir. É assim que as forças fluem para a direção certa. Elas deixam de ser captadas e de agir compulsivamente sobre o ser humano, porém a própria pessoa se transforma num fator organizador graças à força do seu espírito, desistindo de se deixar levar aleatoriamente por elas. Não importa de que direção flui a energia dos nós dos dedos: a pessoa se sente responsável pela sua atuação.

Os nós na articulação superior dos dedos, sobretudo no Dedo de Júpiter, são denominados nós do filósofo. Os impulsos provindos do plano transcendental são aí transformados numa vibração compreensível aos seres humanos, de tal modo que a inteligência presente possa dar-lhe uma forma acessível, válida. A pessoa não é mais atacada pelo transcendente, mas se torna uma intermediária para si mesma e para os outros, porque lhe dá uma densidade compreensível.

Chamamos de nós da organização aos nós da falange inferior. Neles as forças do eu, que se expandem para fora, são detidas e só depois de examinadas na sua eficiência são usadas para o caminho rumo à transcendência. No sentido contrário, as influências de planos distanciados do eu são selecionadas e dedicadas ao apropriado potencial de experiências. A pessoa tenta permanecer dentro de seus limites e não é dada a decisões espontâneas.

Uma pessoa com ambos os nós dos dedos é extremamente cautelosa em suas ações e manifestações, que são bem pensadas; porém, a sua sensibilidade e capacidade de adaptação não são muito pronunciadas, parecendo clichês. Ao contrário, numa pessoa com dedos esguios destituídos de nós, as energias fluem livres e desimpedidas. Elas não são analisadas e dirigidas contemplativamente. Essa pessoa é direta e dispõe de clareza espiritual. Para ela, ver e agir se confundem facilmente. Em momentos de silêncio, ela poderá ser envolvida e elevada pelo Inominado.

A Mão Esférica e o Fluxo de Energias

O analista esotérico de mãos contempla a mão do ser humano como um fenômeno, uma manifestação da sua natureza essencial. É por isso que vê a forma da mão como uma expressão mais densa da mão espiritual que circunda a mão material. A mão física e a mão de matéria mais sutil que a envolve são dois fenômenos distintos do mesmo princípio, ou seja, a mão espiritual é a expressão do caráter. Para tornar mais clara essa distinção, o analista esotérico fala da mão esférica quando quer se referir à mão de matéria sutil.

Em essência, trata-se de dois complexos que devem chamar a atenção do analista. Por um lado, é a mão esférica como expressão da harmonia espiritual de uma pessoa e, por outro, o fluxo de energia como expressão da situação física do ser humano.

A aura da mão

Algumas pessoas são capazes de perceber espontaneamente a aura de seus semelhantes. Muitas até o conseguem, logo que se concentram conscientemente nessa capacidade. Para poder reconhecer melhor a aura dos dedos, a pessoa a ser analisada deve colocar sua mão sobre uma base branco-leitosa. Quem não confiar nos próprios olhos para observar a aura, pode valer-se de um pêndulo.

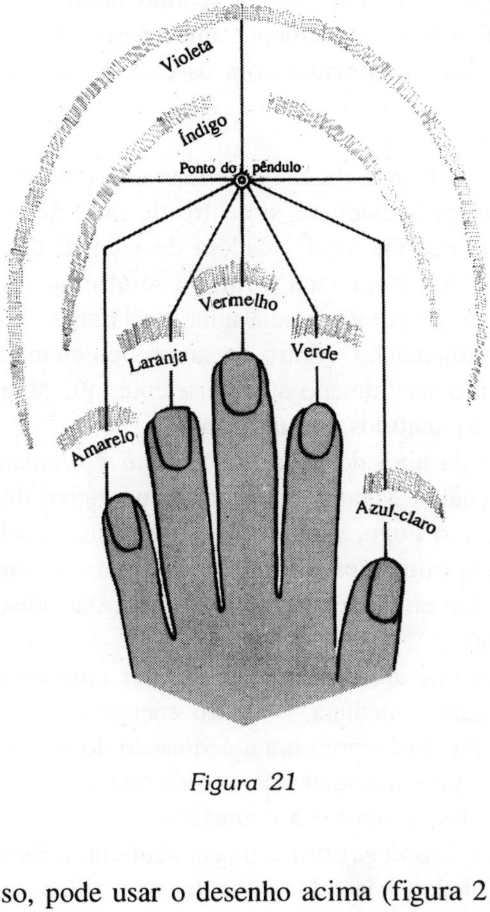

Figura 21

Para fazer isso, pode usar o desenho acima (figura 21), como um mapa.

As perguntas ao pêndulo poderiam ser: *Até que distância chega a aura de cada dedo?* A outra pergunta pode ser: *A aura do dedo está limpa, e se não estiver, qual é a cor que a está influenciando?*

A cor da aura dos dedos e da mão, como um todo, corresponde às cores dos sete chakras do corpo. O que nos chama a atenção é que a expressão espiritual das cores dos chakras referentes aos dedos é contrária às do significado quirosófico de cada dedo (com exceção do Dedo de Saturno). O sentido dessa contradição será mais bem explicado posteriormente; antes, porém, serão apresentadas as cores da aura relacionadas com os chakras, ainda que se trate de uma breve explicação.

– O brilho da aura do *Dedo de Mercúrio* é vermelho. Trata-se da cor do chakra Muladhara, o centro da raiz. Seu elemento é a Terra, sede da energia vital, doadora de vida. É daqui que o ser humano extrai sua força vital a fim de se afirmar no mundo.

– O *Dedo de Apolo* irradia uma cor laranja. Trata-se da cor do chakra Svadhistana, o centro do sacro. Seu elemento é a Água. Ele representa o ser humano autoconsciente, que atua no percurso da vida com os sentidos, regularizando-o.

– A cor da aura do *Dedo de Saturno* é a amarela. Ela corresponde ao chakra Manipura, o centro energético do plexo solar. Seu elemento é o Fogo, símbolo do ser humano criador que capta os impulsos espirituais para torná-los visíveis no mundo material. Suas ações estão em estreita correlação com sua sensibilidade anímica e sensual.

– O *Dedo de Júpiter* está envolto por uma aura verde. Essa cor é a do chakra Anahata, o centro energético do coração. Seu elemento é o Ar. Ele representa a dedicação do ser humano ao seu semelhante e sua capacidade de conscientização do que o cerca, possibilitando-lhe o amor e a compaixão.

– A aura do *polegar* brilha na cor azul-claro. Essa cor também se irradia do chakra Vishudda, o centro energético da laringe. Seu elemento é o Éter. Nesse chakra, atuam forças espirituais que influenciam as anímicas, encontrando por sua vez o seu ancoramento vital. É também o chakra da capacidade da fala e do intelecto.

– A *coroa* irradia uma cor azul-índigo, que fica mais ou menos à distância de uma polegada dos dedos. Essa cor se reflete no chakra Ajna, o centro energético da testa. Trata-se do portal para o conhecimento espiritual, tanto para dentro como para fora. Daqui os chakras mais profundos recebem os seus impulsos.

– Violeta é a cor do *círculo áurico* exterior. Este fica à distância do comprimento de uma mão do lado externo da coroa azul-índigo. Na cor e no significado este anel corresponde ao chakra Sahasrara, o centro energético da coroa. É daqui que o ser humano flui para o Imensurável. É aqui que ele perde suas limitações.

O fato de a distribuição das cores da aura dos dedos ser necessariamente contrária ao sentido polarizado quirosófico dos dedos é explicado pela atuação recíproca da mão material e da mão espiritual. Segundo o seu sentido, a mão firme, de matéria, tem uma manifestação da essência natural orientada pela sua densidade material para o que independe de espaço/tempo. O ser humano ergue os dedos para a divindade para receber do alto os impulsos celestiais. Este é o sinal da sua disposição de ser tocado pelo Inominado. Esse estar voltado para o transcendente e o impulso dele provindo são revelados pela forma dos dedos, que na prova de competência material fazem justiça ao seu significado. Por outro lado, o ser humano não é nenhuma usina energética unilateral, mas a sua essência anímica está em constante e necessária comunicação com as forças que o sustentam. Assim como os chakras não são centros que apenas captam energia mas também a irradiam, da mesma forma o ser humano se comunica através das mãos e, neste caso, especialmente através dos dedos, num plano espiritual.

A aura dos dedos é o seu sinal. E é a oposição polarizada das forças que dão apoio ao ser humano na sua atuação. Além disso, diferentemente dos chakras, que permitem que a pessoa vibre no seu estado próprio de ser – e portanto não necessitam da oposição de forças polares –, as mãos são instrumentos da percepção, das ações e da expressão espiritual das pessoas. É através dos dedos que a pessoa capta o espiritual, embora use a mão toda em suas ações, experimentando um desenvolvimento que, por sua vez, imprime cor ao sinal dos seus dedos no mundo exterior. Ouvir, transformar e exteriorizar esse rio de energia está necessária e inextricavelmente ligado com a vibração eterna através dos pólos contrários. E quando esse fluxo é perturbado, isso se revela na impureza das cores da aura dos dedos, pois a força não pode fluir e refluir de maneira adequada.

A oposição polarizada entre o sentido e a cor da aura dos dedos corresponde igualmente à imagem quirosófica do ser humano, pois este não pode alcançar a plenitude espiritual se não estiver simultaneamente enraizado no plano terreno. Por conseguinte, para que haja comunicação com o transcendente é necessário o ser humano total buscando realizar sua natureza essencial no plano de densidade da matéria. E, assim, o verde espiritual do Dedo de Júpiter apontado para o outro completa a manifestação da força do ego autoconsciente – o sentido material expresso por esse dedo.

Por outro lado, ao Dedo de Apolo apontado para o Tu divino a partir da densidade material se contrapõe, através da mão espiritual, à cor laranja ligada ao eu como um pólo contrário estabilizador. Na mesma medida se completam, de modo contrário, o sentido e a cor da aura do polegar e do Dedo de Mercúrio. Especialmene no Dedo de Saturno encontram-se pólos de igual valor que tentam influenciar-se mutuamente. Isso, por sua vez, explica de forma extraordinária o sentido do Dedo de Saturno que, em essência, se expressa através do seu peso e da sua necessidade interior. Apenas quando as forças polares do sentido dos dedos e da cor da aura dos mesmos estão equilibradas é que ocorre a troca de energia entre o objetivo e o subjetivo de uma forma adequada à essência. Caso contrário, a pessoa se sentirá esmagada por pretender executar uma tarefa e não completá-la; ou então ela vagará por aí com a mania de que pode fazer tudo, o que resultará num visível aumento da aura dos dedos; nesse caso, o Dedo de Saturno também perde o contato com o princípio objetivo que o impregna. Aparecem então as cores índigo e violeta que não correspondem a nenhum dos dedos, mas com os quais mantêm grande proximidade. O fato de essas cores não terem nenhuma ligação direta com os dedos ou com a mão mostra como, igualmente, em última análise, de um posto de observação mais elevado, só pode se tornar sadio um ser humano íntegro que viva de acordo com os sinais impressos na sua mão.

Além disso, a transmissão da mão espiritual é conhecida em diversas culturas desde a antigüidade. Sua ênfase especial aconteceu no Budismo tântrico. Nele, por exemplo, se atribuíram aos dedos as cores da aura e os seus elementos correspondentes, o que foi de grande importância para os sinais ritualísticos dos dedos – as mudras.

Contudo, o que significa o conhecimento da mão espiritual para o leitor esotérico de mãos? Bem, do conhecimento da intensidade da irradiação e da pureza da cor ele pode tirar conclusões sobre a harmonia interior de uma pessoa. Onde, por exemplo, surgirem cores misturadas, deduz-se que a aura só está moderadamente desenvolvida, o que faz com que o princípio contido nos dedos não seja devidamente aproveitado pela pessoa. De onde se pode concluir que a intensidade das cores adicionais mostra a tendência com que a pessoa desenvolve seus talentos inatos. Analisar os sinais originais das mãos para descobrir essa tendência é mais uma tarefa para o intérprete esotérico das mãos.

O fluxo de energias

A mão não é apenas o reflexo simbólico das pessoas, mas também um reservatório de forças diversas que dão vida e formam o ser humano. O ser humano também lida com essas forças dando-lhes forma. Assim, sempre existe certa tensão entre o que deve ser e o que o ser humano quer que seja. Essa tensão se manifesta tanto positiva como negativamente sobre o fluxo de energias.

No sentido positivo para o ser humano, trata-se, na maioria das vezes, de experiências limítrofes que lhe permitem uma visão não-distorcida de si mesmo. Na verdade, para isso é necessário um fortalecimento global das torrentes de energia que, no entanto, não podem bloquear o fluxo total da energia das mãos. No sentido negativo, é exatamente isso o que ocorre, na maioria das vezes. A pessoa apenas estimula determinadas energias que lhe parecem úteis. Se isso acontece durante um período mais longo de tempo, outras fontes de energia acabam sendo bloqueadas. Em casos extremos, isso pode resultar em dedos energeticamente vazios de estímulos. Eles se mostram com suas características normais, só que lhes falta, ou é fraca, a irradiação de energia.

Contudo, uma pessoa sensível pode perceber essa tensão e provocar estímulos para que esses bloqueios possam ser desfeitos. Depois, abordaremos com mais profundidade essas possibilidades de regularizar o fluxo de energia na mão material.

Existem, igualmente, exercícios especiais de auto-sugestão com a mão espiritual que vão além do escopo deste livro. É por isso que não são mencionados aqui, com exceção de um único exercício.

Os bloqueios surgem na mão material na medida em que a energia contida em diferentes planos da mão não pode mais fluir com facilidade, ou só pode fluir pouco. Assim, a força de um ou de outro dedo é enfraquecida ou excessivamente estimulada. Muitas vezes, pode-se desejar que a força de determinado dedo seja maior, a fim de a pessoa usar temporariamente a força desse dedo para determinada tarefa. A energia relacionada com o sentido dos dedos, ao contrário do que acontece na mão espiritual, também é uma força fisicamente perceptível. Em essência, trata-se da força que ascende dos montes inferiores da mão e se transforma em vitalidade, em energia vital.

O exercício consiste em ligar o polegar, como transformador do sentido dos dedos no mundo material, com o dedo correspondente. Para tanto, basta juntar a ponta dos dedos. O primeiro passo, então, é sentir como a energia flui por esse círculo formado pelo polegar e por outro dedo. São possíveis quatro estados, aos quais o tempo do fluxo da energia acrescenta uma qualidade adicional:

1. a energia flui do polegar para o dedo;
2. a energia pulsa, isto é, não se percebe nenhuma transmissão dela;
3. a energia flui do dedo para o polegar;
4. não se constata nenhum fluxo perceptível de energia, nem qualquer pulsação.

Essas quatro condições observadas podem ser explicadas da seguinte maneira:

1. O dedo unido ao polegar é fraco de impulsos. A força correspondente ao seu significado como dedo não se irradia para fora e, portanto, contribui muito pouco para a formação do espaço vital da pessoa. No entanto, o dedo capta fenômenos correspondentes ao seu significado. Seja como for, sua capacidade de recepção diminui com a crescente rapidez de fluência da força.

2. As forças do dedo e do polegar estão equilibradas. Trata-se de um estado de atenção ativa. O sentido do dedo funciona e se apresenta bem moderado, externa e internamente. Aqui se pode falar de uma aparência normal, mas não de uma normalidade. Além disso, o fluxo de energia em geral muda de vez em quando, conforme sua atividade, entre o pólo que recebe ou que irradia a energia.

3. Do dedo unido ao polegar parte um impulso de ação. O significado do dedo atua como uma energia de afirmação e de formação no espaço vital do ser humano. No entanto, se a rapidez do fluxo crescer, essa energia poderá ser perniciosa e não poderá mais se desenvolver quando em atuação, porém o seu significado se limitará, em essência, a uma presença dominante.

4. O dedo unido ao polegar nem recebe nem irradia ativamente a energia. Isso significa considerável cansaço físico ou um bloqueio total da energia que atua através desse dedo.

Se quisermos mudar a direção do fluxo de energia, seja lá quais forem os motivos, usaremos nas três primeiras condições o seguinte método:

- Concentramo-nos no fluxo de energia percebido, nos imaginamos contidos nele e somos tomados pela sua vibração.
- Assim que começamos a vibrar junto com a energia, freamos cuidadosamente o fluxo de energia com a força da nossa imaginação.
- Assim que se estabelece o equilíbrio da energia, fazemos as forças pulsarem de acordo com os nossos batimentos cardíacos.
- Depois de um curto intervalo, damos à energia o impulso na direção desejada usando para isso a visão espiritual.
- Conseqüentemente, o fluxo de energia vibrará nessa direção.
- Seguramos o círculo formado pelo polegar e pelo outro dedo durante o tempo necessário, até que sintamos que a energia está fluindo na direção que queríamos e com a intensidade desejada. Em seguida, afastamos os dedos.

No estado de contínuo cansaço devido ao bloqueio total da energia, não se pode usar o método descrito acima. Nesse caso, primeiro é preciso reavivar durante algum tempo o significado dos dedos. Para fazer isso, mandamos impulsos através do círculo formado pelo polegar e outros dedos no ritmo dos batimentos cardíacos. Esse exercício não deve ser feito durante mais do que um minuto e, no máximo, deve ser repetido uma vez a cada hora. Só quando depois de algum tempo viermos a sentir um perceptível aumento no fluxo de energia é que poderemos obter um equilíbrio de forças. Contudo, essa mudança na direção da energia não deve ser feita por um longo espaço de tempo. Principalmente, não se deve fazer este exercício de maneira aleatória, sem refletir bem na sua conveniência ou não. Pois, com a repolarização das energias, a causa imediata da suposta direção errada não se transforma necessariamente no seu oposto. As causas que provocam o fluxo de energia precisam ser descobertas e analisadas com cuidado, o que só um experiente leitor de mãos pode fazer; ou, então, é preciso ter grande compreensão da estrutura da própria mão. Por outro lado, é bem possível que a manipulação do direcionamento da energia, em última análise, provoque danos nas pessoas.

Na maioria dos casos em que se intervém no sentido dos dedos, há um nítido fortalecimento de características. Mas para isso também existe um exercício, com o qual não é preciso intervir na estrutura das nossas vibrações, o que poderá evitar efeitos colaterais relacionados com essa intervenção. Com ele, estimulamos indiretamente a constituição física da mão, usando a mão espiritual.

O dedo espiritual (a aura do dedo), cujas características queremos potencializar, deve ser mantido diante do terceiro olho. É recomendável usar os dedos da mão esquerda, visto que a aura deles em geral é mais pura. A distância entre os dedos e o ponto acima da raiz do nariz deve ser tal que só provoque um estímulo apenas perceptível. Então, movimenta-se o dedo durante um tempo para cima e para baixo, no ritmo dos batimentos cardíacos, até que se tenha a impressão de que a vibração foi captada pelo terceiro olho, e que ali continuará a pulsar assim que se retirar o dedo.

Por certo, a pesquisa recomenda fazer este exercício com o polegar, a fim de provocar experiências espirituais. Convém dizer que, sem o correspondente amadurecimento espiritual, essas experiências se transformarão em sensações grosseiras, pois o polegar espiritual ainda não está encarnando a mais elevada cor de aura.

As Linhas das Mãos ou a Resistência do Ser Humano

"Ele põe selos sobre as mãos dos homens..." – Este selo recebeu uma explicação através da interpretação da forma das mãos. A forma exterior das mãos mal se modifica e, quando isso acontece, é depois de um espaço de tempo considerável. Nesse caso, os montes das mãos podem se elevar ou tornar a diminuir, os dedos podem se tornar ossudos ou ganhar em sensibilidade etérica. Através da forma das mãos revela-se o caráter essencial do ser humano e seus talentos ficam reconhecíveis em seus traços básicos.

Não é isso o que ocorre com as linhas das mãos. Na verdade, elas são parte da expressão do caráter, como a Linha-M; contudo, nelas se mostra predominantemente a personalidade da pessoa, de que modo ela transforma o que deve ser feito no que ela quer fazer. Portanto, as linhas das mãos são aqueles desenhos sujeitos antes, e mais depressa, às modificações. Algumas crescem junto com a pessoa, outras se esvanecem com o tempo e, outras ainda, mudam o seu curso. Mas tudo isso acontece lentamente. Enredado na Lei de Causa e Efeito, o ser humano só percebe essa mudança pouco a pouco. E esse amadurecimento no espaço/tempo encontra sua correspondência nas linhas das mãos. É por isso que elas revelam o destino, o que, aparentemente, foi predeterminado para a pessoa. Essa sensação de predestinação se diferencia contudo, visivelmente, do sentido do que o homem deve fazer, da sua missão sobre a Terra.

Com freqüência, o ser humano considera o seu destino como algo que o impede de fazer justiça a uma determinação que sente no âmago do seu ser. O destino parece ser a inevitável Roda do Destino da qual, em última análise, não pode fugir. Ele define esse destino como o fardo do karma, que o impede de seguir seu caminho rumo ao divino. E eis outro ponto de divergência entre o quiromante e o leitor esotérico de mãos. Embora o analista esotérico não se importe em ler o destino atual da pessoa através das linhas das mãos, ele tem outra intenção, ou seja, ele quer transmitir à pessoa cujas mãos está analisando uma mensagem; ele quer revelar-lhe o selo divino impresso em sua mão, para que a pessoa possa sair do círculo de causa e efeito e viver a vida para a qual foi destinada.

É por isso que, neste capítulo, as linhas das mãos só são descritas na medida em que permitam que a pessoa descubra os traços-chave do seu caráter no que se refere à sua evolução espiritual. Explicar as linhas das mãos também no seu significado quirológico iria além do objetivo desta obra.

Sinais nos montes das mãos

A interpretação dos sinais nos montes das mãos será apresentada antes da descrição das linhas, porque eles são sinais essenciais para a qualidade das energias que pulsam nos montes e através das linhas. Esses desenhos podem fortalecer forças já existentes ou ajudar a superar fraquezas, embora também possam atuar paralisando ou contrariando o sentido da energia. Além disso, podem ter vida curta; por exemplo, podem surgir durante a noite e desaparecer depois de alguns dias.

Figura 22

Pequenos *semicírculos* (figura 22) são favoráveis quando se abrem para cima. Eles estimulam a força oculta no monte, ao subir.

Figura 23

Quadrados (figura 23) – não importa se quadrados ou retangulares, são basicamente sinais de proteção. Eles mantêm a energia em equilíbrio, estabilizam-na e a impedem de se esgotar. Nos momentos de perigo potencializam a força, multiplicando-a. Se vários quadrados interligados se unirem num monte, serão estimuladas as capacidades místicas, ainda profundamente ocultas da pessoa.

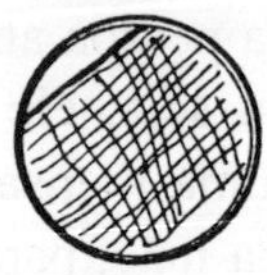

Figura 24

Os mencionados quadrados em forma de caixinhas e interligados uns com os outros não devem ser confundidos com as *grades* (figura 24). Essas são essencialmente mais apertadas e suas linhas mais irregulares. As grades limitam a energia no monte que estiver abaixo delas.

Figura 25

Triângulos (figura 25) e *cantos* abertos para cima (figura 25) fortalecem a força de um monte, o que tem um efeito positivo.

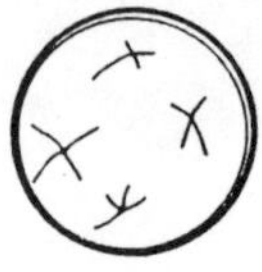

Figura 26

Cruzes (figura 26) são sinais de perturbação, que em parte repolarizam a energia, podendo enfraquecer a expressão de um monte.

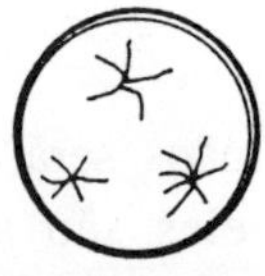

Figura 27

Estrelas (figura 27) aparecem no caso de perturbações especialmente violentas. Na maioria, trata-se da ação de fatores externos que podem transformar a energia de um monte numa força destrutiva.

Figura 28

Pontos e *taças* (figura 28) aparecem em estados de esgotamento e depressão. No monte, pulsa apenas parte da sua força original.

Neste ponto, façamos ainda menção dos *papilares*. Em oposição aos sinais que acabamos de descrever, são sinais que não se modificam durante a vida, tornando visível a tendência básica do fluxo de energia entre os montes.

As Linhas-M

No caso das Linhas-M (figura 29), bem como nas linhas descritas a seguir, trata-se da compreensão dos símbolos da mão, das cavidades e dos vales através dos quais fluem os rios de energia provenientes dos montes. Na maioria das vezes, as linhas correm por entre os montes, de tal forma que tiram a força de seus flancos para levá-las ao ponto desejado. O analista de mãos interpreta o significado da linha conforme o seu curso, conforme a maneira como ela se aproxima de um monte e evita um outro, de acordo com o modo como, no seu final, forma-se um leque ou se ela corre diretamente para o monte. Além disso, as linhas, bem como os montes, estão em correlação mútua. Eles vibram uns sobre os outros, cruzam-se ou atuam uns contra os outros.

Esses movimentos podem causar tensão, mas também podem aliviar a tensão. As forças se influenciam, misturam-se também algumas vezes, ou então as mais fortes absorvem as mais fracas.

As possibilidades de atuação recíproca das forças são tão múltiplas quanto as características das mãos. Apesar disso, o analista não tem de conhecer o significado de cada possível ramificação ou aproximação de linhas. Por conseguinte, a forma, a divisão da mão, os montes e os dedos são todos, no seu conjunto, os elementos mais significativos das linhas; conhecendo essas bases e o significado das linhas, o analista experiente de mãos saberá, ao ver a mão do analisado, qual é o seu sentido essencial e primordial.

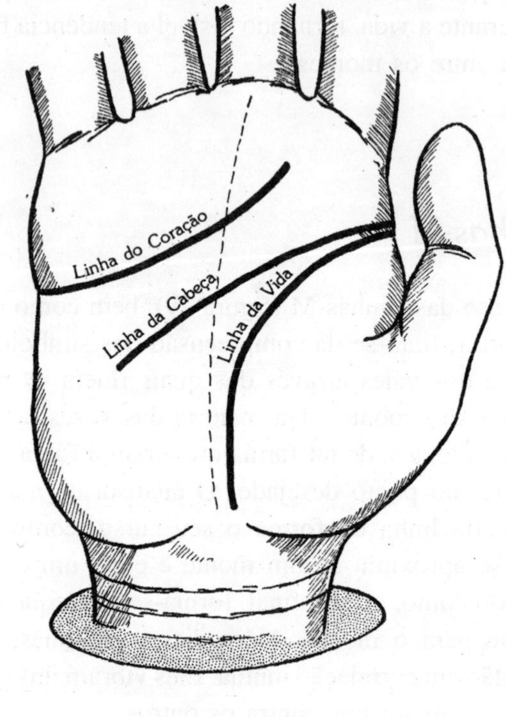

Figura 29

Mesmo assim, há critérios para o julgamento das forças que fluem através de uma linha e que o analista esotérico também deve ter presentes. Já mencionamos que as linhas devem ser analisadas em sua correlação com os montes. Quanto mais *profunda* for uma linha, tanto maior é o seu sentido de separação. As forças dos montes dificilmente podem fluir de uns para os outros, pois se misturam na linha. O fluxo de energia é veloz e seu efeito muito mais forte, mas também mais multifacetado. Em contradição a isso, está a linha cujo traçado é pouco profundo. Ela mal consegue tirar energia dos montes. Falta-lhe a força contagiante e a força de sobrevivência. Seu efeito é mais contido e ela apenas apóia as tendências. A atuação de uma linha *larga* é diferente, embora também lhe falte veemência; no entanto, ela atua como uma torrente impetuosa, a cuja força não se pode fugir e que provavelmente inundará tudo. Uma linha *apertada*, ao contrário, tem algo da clareza e da vivacidade de uma torrente da montanha. A força que nela atua é direta e revigorante. No comprimento de uma linha se expressa finalmente o seu impulso original.

No mais, desenhos sobre as linhas, depressões ou estrelas também podem ser interpretados simbolicamente. Eles atuam como redemoinhos, como diques ou desfiladeiros. Através deles, flui a energia (no início de uma linha o efeito é menor do que no seu centro), às vezes se torna mais lenta, mais rápida ou então é potencializada. O mesmo vale para a imagem geral de uma linha. Se ela percorre a mão uniformemente *encadeada*, ou se a percorre em linhas *onduladas*, sua expressão é freada ou se torna de duplo sentido. Linhas *interrompidas* indicam que surgem obstáculos à energia e que por causa deles a energia tem de se concentrar outra vez. Se as interrupções se sobrepuserem, a força fluirá na forma de cascata, ocasionando novos surtos de desenvolvimento. É verdade que lhe é tirada a força original, mas esta não precisa ser uma desvantagem. Além do mais, rupturas podem ser contornadas, sem problemas, através das *linhas complementares*, que servem de ponte. *Ramificações* e *bifurcações* dividem a força de uma linha e esta tem de ser analisada de acordo com o seu percurso. Além disso, elas podem multiplicar a energia existente, desde que não predominem em toda a mão. As *linhas afluentes* provenientes dos montes fortalecem as características da linha principal no seu significado, assim que a alcançam ou a cruzam.

As linhas não são unicamente uma expressão da vontade ou o modo do ser humano de percorrer seu caminho de acordo com o seu gosto, mas são, ao menos parcialmente, extensões do que a pessoa tem de essencial. Através das linhas, fica claro o caráter da pessoa; e torna-se bem mais inteligível quando se examinam as linhas das mãos esquerda e direita, estabelecendo uma comparação. Devido à sua formação, as Linhas-M são as que determinam – mais do que as outras linhas – o caráter da pessoa. As Linhas-M são encontradas nas mãos de quase todas as pessoas. Trata-se das Linhas da Vida, da Cabeça e do Coração.

A *Linha da Vida* parte do ângulo do polegar na palma da mão, formando um arco que envolve o Pequeno Monte de Marte e o Monte de Vênus. Ela termina, na maioria das vezes, entre o Monte de Vênus e o Monte de Netuno, mas também pode percorrer o Monte de Netuno ou o da Lua.

A Linha da Vida simboliza o impulso dirigido à força de sobrevivência. Ela mostra a força com a qual o homem atua no seu espaço vital. Ela abrange o plano da vitalidade e o mantém coeso. Quanto mais se espalha para o centro da palma da mão, mais a pessoa lida com as outras a partir de uma posição básica, altruísta. O oposto seria uma pessoa muito concentrada em si mesma. A satisfação de necessidades básicas adquire para esta um valor excessivo. De grande significado para o sentido da Linha da Vida é o seu relacionamento com os montes de Vênus e de Júpiter. Se ela limita demais o Monte de Vênus, a força vital também é consideravelmente estagnada. Se, no entanto, se distancia demais, sem que o Monte de Vênus possa dominar esse espaço, há uma contradição entre o desejo de dominar a vida plenamente e a força vital. Instala-se uma sensação de tédio e de não conseguir se realizar. Na proximidade do Monte de Júpiter as energias autoconscientes das características ligadas ao ego ficam mais fortes.

Com seu arco final, a Linha da Vida objetiva mostra as origens arquetípicas e tradicionais do ser humano. Dependendo do ponto onde ela termina, é revelada uma orientação qualitativa do princípio da harmonia. Se a Linha da Vida vibrar voltando-se para o Monte de Vênus, a pessoa buscará a harmonia em si mesma. Se, no entanto, ela se chocar com o Monte de Netuno, o equilíbrio interior da pessoa dependerá muito do relacionamento com suas raízes; pode tratar-se do clã familiar, mas em geral trata-se mais de uma profunda compreensão do que significa ser um ser humano. Uma Linha da Vida orientada para o Monte da Lua de certa forma obriga a pessoa a buscar o significado da sua vida na comparação com a de seus semelhantes. Com essa constelação, sempre existe o risco de a pessoa ter consideráveis dificuldades para descobrir o âmago do próprio ser.

Uma linha paralela no terço inferior da Linha da Vida, no sentido do Monte de Vênus, vale como uma *Linha do Medo*. Através dela, as forças vitais do Monte de Vênus são detidas e apenas correm mais lentas para a Linha da Vida. Uma linha que corra bem rente à Linha da Vida, acompanhando-a, é interpretada como Linha Irmã, visto que fortalece bastante a linha principal. Uma Linha da Vida interrompida prova um impulso bloqueado para a existência. É um sinal de um endurecimento precoce. O ser humano só se desenvolve até determinado ponto, para então alimentar-se do que conseguiu. Muitas vezes, por trás disso, esconde-se um temperamento infantil.

A *Linha da Cabeça* surge comparativamente perto do início da Linha da Vida, ao lado do polegar. Ela vibra passando através do Plano da Terra para o lado relacionado com os outros.

A interpretação da Linha da Cabeça é feita a partir do seu movimento. Seu impulso é a vontade do ser humano na formação da sua vida. As forças autoconscientes se infiltram no espaço vital e entram em comunicação com as forças do mundo, que se opõem às da pessoa. Como o nome da linha nos faz deduzir, trata-se da luta racional da pessoa com o seu mundo. A Linha da Cabeça é uma linha limítrofe – e assim também a linha de ligação entre o âmbito da natureza e o setor que fica logo acima, o da formação consciente da vida e o da sensibilidade anímica. Portanto, se ela estiver situada muito alto na mão, os impulsos simbólicos e inconscientes influenciarão a força de decisão da pessoa. Se, ao contrário, sulcar profundamente a mão, a pessoa renegará a sua natureza, dando a impressão de ser uma pessoa levemente desajuizada.

Na expressão tensa da Linha da Cabeça, que quase lança uma ponte entre o lado da identidade – o querer subjetivo – e o lado relativo aos outros – o querer objetivo –, o analista de mãos reconhece a objetividade do desenvolvimento da vida humana. Revelações-chave lhe são dadas no início e no final da linha. Se no início a Linha da Cabeça estiver ligada à da Vida, o impulso desta influencia primeiro a vontade de expressão e de formação. A pessoa atua exteriormente a partir de uma firmeza interior. Essa qualidade favorável se perde, no entanto, assim que a ligação fica longa demais. Como *normal* é considerado um percurso conjunto das linhas da Cabeça e da Vida, que chegue até cerca da metade da largura do Dedo de Júpiter. Se a ligação continuar além disso, num sentido simbólico a pessoa só se liberta hesitantemente de seu corpo físico. Tem pouca confiança na sua força racional de criação, não acredita numa atuação própria do seu espírito. Quanto mais cedo a Linha da Cabeça se separar da Linha da Vida, tanto mais depressa a pessoa obterá a independência espiritual.

A confiança na força racional de criação se eleva quando ambas as linhas surgem bem próximas uma da outra mas têm seu curso separado. A capacidade de julgamento e a segurança nas decisões são muito acentuadas nessa pessoa. Se a distância entre as duas for muito grande, faltará o impulso refrescante vital e, com ele, a sensação de que a pessoa é uma unidade feita de corpo e espírito. Então, a racionalidade que afirma a vida se tornará levemente interiorizada, mas em tudo e por tudo a pessoa será dirigida por um espírito recalcitrante, muitas vezes errante.

O final da Linha da Cabeça aponta para o lado relativo aos outros. Sendo assim, ela será influenciada pela reação ao que se lhe opõe, infiltrada por isso. Se a Linha da Cabeça chega apenas até a metade do Plano da Terra, a pessoa fica presa em si mesma, como que incompleta. Ela está destinada a uma luta séria e pesada, embora limitada, contra as circunstâncias da vida. Se a Linha da

Cabeça, entretanto, se dirigir mais ou menos em linha reta para o Grande Monte de Marte, a pessoa tenderá a um racionalismo frio e a uma excessiva crença no realismo. Uma suave inclinação da Linha da Vida para o Monte da Lua influencia a tendência da pessoa para o místico, de forma favorável. Fantasias e uma vivência simbólica dão ao mundo dos pensamentos uma grande plenitude. A pessoa conhece sua ligação com os seus semelhantes. Se a Linha da Cabeça se curvar para cima rumo à Linha do Coração, o aspecto material da pessoa, como motivo de ação, se intensificará. Além disso, impressões confusas de temperamento limitarão sua atuação prática.

A *Linha do Coração* vibra a partir do canto exterior da mão em direção à Linha da Cabeça e corre numa linha suavemente curva entre os dedos de Saturno e de Júpiter. Ela corre no sentido contrário às duas outras Linhas-M e surge no lado da mão que não se relaciona com o eu. Ela recebe impulso do Grande Monte de Marte, o manancial da capacidade objetiva de avaliação, e do Monte de Mercúrio, no qual a força espiritual é estimulada. E, assim, a Linha do Coração traz uma força inimaginável para a vida do ser humano, visto que está distante do eu. Essa força do coração envolve os montes da interioridade anímica e objetiva sendo igualmente um impulso ao Monte de Júpiter. Ela também simboliza o impulso rumo à saúde plena, à missão do ser humano de transcender o próprio ego, captando em si a energia da Linha do Coração, permitindo que ela se desenvolva a fim de se aproximar, através dos dedos, da sua verdade como tal. Esse impulso parte do próprio homem. Ele se volta para o "outro" primordial, comum à humanidade, que vibra no seu espaço anímico e permite que ele sinta amor e compaixão. Por outro lado, a Linha do Coração também é uma linha limítrofe que separa o espaço da interioridade anímica do espaço das ações premeditadas, o Palácio da Audiência. É assim que ela protege o sentido próprio da força da alma contra a densidade perturbadora do mundo material. Ela pode agir como um bloqueio através do qual nenhuma linha ascendente consegue se infiltrar.

Uma pessoa desse tipo dá a impressão de ter certa frieza de sentimentos, mesmo que por dentro esteja em efervescência como um vulcão. Apesar disso, ela mostra uma grande distância emocional do efeito de suas ações, devidas principalmente a um impulso dos sentidos.

Na curvatura da Linha do Coração, se expressa e vibra a plenitude da sensibilidade anímica. Se ela ficar muito embaixo, as características positivas do amor ao próximo serão bastante acentuadas, chegando até à capacidade de entrega. Se, ao contrário, a Linha do Coração ficar mais em cima, o plano material, a formação prática do espaço vital receberão um peso adicional. A expressão anímica e a sensibilidade, sendo pequenas demais, farão a pessoa se manter num nível muito terreno.

Se a Linha do Coração não começar no canto da mão, isso mostrará uma forte perturbação no que se relaciona com o outro. A pessoa sentirá grande dificuldade para estabelecer um relacionamento; quanto mais então para se ver refletida no seu semelhante...

À medida que a Linha do Coração vai terminando, diminui também a sensibilidade. Se ela terminar, por exemplo, embaixo do Dedo de Saturno, predominará no exterior uma aplicação prática da sensibilidade oculta no interior. Se a Linha do Coração chegar só até o Dedo de Apolo, os sentimentos causarão um efeito nitidamente voltado para o exterior. É outro o caso de uma linha que chegue até dentro do Monte de Júpiter, pois então os sentimentos serão apresentados também em explosões teatrais, pois tomarão conta da pessoa com imprevisível intensidade.

As três linhas ascendentes

Enquanto as três Linhas-M podem ser encontradas em quase todas as mãos, as três linhas ascendentes são pouco freqüentes. Muitas vezes também se pode encontrar apenas uma ou duas dessas linhas numa mão. As três linhas ascendentes são as linhas de Saturno, de Apolo e de Mercúrio (figura 30).

Nas linhas ascendentes revela-se a disposição da pessoa para percorrer o seu caminho de vida de uma determinada maneira. Elas simbolizam quase o ponto de gravidade na forma e na direção da vida, sendo que a Linha de Saturno representa uma vinculação na formação da vida, ao contrário da Linha de Apolo, que expressa mais o aspecto criativo, e da Linha de Mercúrio, que simboliza a auto-realização material ou espiritual. Isso deixa claro que a falta de uma ou de outra linha não precisa significar uma carência, pois a missão do ser humano sempre é inequívoca; portanto, a formação do seu espaço vital, na maioria das vezes, tem a mesma clareza. A função da linha que falta será exercida pelo correspondente monte da mão e pelo dedo.

Se numa mão não forem encontradas linhas ascendentes, o fato já pode se transformar num problema para a pessoa, porque as forças que se agitam nos montes inferiores da mão não serão estruturadas da forma conveniente. Falta a essa pessoa, no sentido literal da palavra, direção e capacidade de execução. A profundidade de sensibilidade e a capacidade de expressão são insuficientemente desenvolvidas. Esse tipo de pessoa, na maioria das vezes, só tem uma estabilidade mínima e se torna um joguete das próprias forças. "Hoje sou uma pessoa; amanhã serei outra", poder-se-ia descrever assim o seu lema.

As linhas ascendentes também podem aparecer em diferentes pontos da mão. Se ascenderem a partir da raiz da mão, podem estar impregnadas essencialmente por três impulsos diferentes, ou seja, pela força da Linha da Vida, pela energia do Monte de Netuno ou pelas forças do Monte da Lua. Se, no entanto, as linhas tiverem início na Zona da Ação, serão influenciadas pela Linha da Cabeça, enquanto no Cinturão da Psique receberão o empurrão decisivo da Linha do Coração. A qualidade do impulso é de fundamental importância para a orientação do sentido da linha, a motivação do ser humano. O analista terá de levar em conta também este aspecto

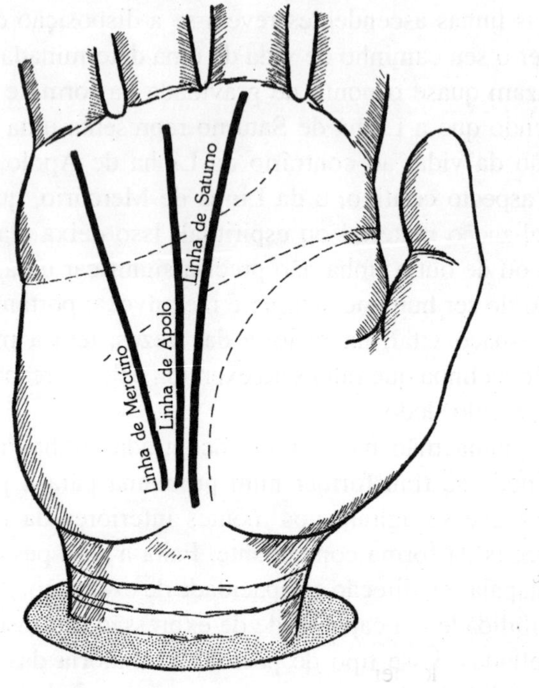

Figura 30

na sua análise, bem como o modo como uma linha ascendente cruza as linhas da Cabeça e do Coração. Aí ele observa se uma linha pula sobre a outra de forma superficial ou se a interrompe em profundidade. Conforme o caso, uma linha tira mais ou menos energia da outra, e então o seu sentido domina o da outra.

A forma pretendida de uma linha atenua o sentido do monte conforme a zona em que essa linha termina. Quanto mais uma linha ascende, tanto mais interiorizado e sério é o seu significado para a pessoa. Com o seu final, ela indica a tendência da tensão da pessoa e de que forma esta dá uma forma válida ao significado da linha para lhe fazer justiça.

Se, em última análise, predominar a expressão material ou espiritual de uma linha, isso será reconhecido pelo analista através da forma dos dedos. Principalmente no caso do Dedo de Mercúrio, essa observação da qualidade da exteriorização é de decisiva importância.

A *Linha de Saturno* também é chamada de Linha do Destino. Idealmente, ela corre como linha limítrofe entre o plano da pessoa e o dos outros. Ela simboliza a pessoa impulsionada no mundo pela sua natureza que, no lugar em que foi colocada, toma as rédeas da vida nas mãos e tenta moldá-la de acordo com a sua compreensão racional e anímica. E assim atuam sobre a Linha de Saturno as exigências de forças subjetivas e objetivas, bem como as leis do céu e da natureza terrena. A essas pretensões contraditórias o homem tenta fazer justiça através da correta determinação de objetivos. Seu projeto de vida é ao mesmo tempo o significado da vida para ele.

A *Linha de Apolo* traz um elemento de harmonização à vida do ser humano. No plano material, ela fortalece o sentido da beleza e a disposição de permitir que o plano do fantástico passe a atuar. No plano psíquico, ela intensifica a sensibilidade para captar a situação anímica e adaptar-se a ela. O que está diante da pessoa serve como uma expansão dos sentidos, algo que lhe dá orientação para que entenda a si mesma.

A *Linha de Mercúrio* pode acentuar três características no espaço vital humano: desempenho na área comercial, desempenho intelectual ou da fala ou dedicação à vida espiritual. Essencialmente, no entanto, dela dependem a disposição de se comunicar da pessoa, sua capacidade de estabelecer contatos e a mobilidade espiritual. Sua característica espiritual pode ser descrita como a capacidade que a pessoa tem de ter vislumbres de transcendência. O ser humano se abre para as forças celestiais para que estas se tornem um fator de orientação no seu espaço vital. Essa postura contém certa capacidade de humildade inerente, que poderá até se transformar num impulso de verdadeiro altruísmo.

As três linhas místicas

Há três linhas que o leitor esotérico de mãos por certo procurará na mão do consulente. São as linhas de Netuno, de Urano e de Ísis (figura 31). Essas linhas se encontram todas no lado da mão relativo aos outros. Elas representam a sensibilidade do ser humano para tomar consciência das vibrações altruístas, de se deixarem levar por elas e, assim, de expressarem suas impressões no seu espaço vital.

Que essa sensibilidade sutil nem sempre represente uma cura para o ser humano é o que mostra, de modo especial, a *Linha de Netuno*, também conhecida como a Linha do Vício, porque a freqüência com que aparece em pessoas viciadas é muito elevada. Talvez isso se deva ao fato de simbolizar, em grande medida, o desejo de as pessoas transcenderem a própria materialidade. Uma pessoa que tenha essa linha tem uma forte percepção intuitiva do próprio caráter, que não parece pertencer a este mundo. Essa sensibilidade não é acessível à sua autocompreensão racional. Para muitos, essa linha age de modo incompreensível no seu espaço vital. Assim, ela pode se transformar na Linha do Vício e tornar-se, para a pessoa implicada, uma contradição inata cuja superação primeira fará vibrar a força espiritual dessa linha em si mesma. Então a Linha de Netuno se tornará um sinal do desapego original que capacita o ser humano a uma dedicação ilimitada.

A *Linha de Urano* também é conhecida como Foice da Intuição. Ela aparece na mão de pessoas clarividentes; também os curadores e as pessoas que têm mediunidade costumam apresentar essa linha. No plano da vida cotidiana, capacita as pessoas a avaliar corretamente os desenvolvimentos e a formular idéias que estão anos à frente da sua época. Do ponto de vista espiritual, essa linha simboliza o

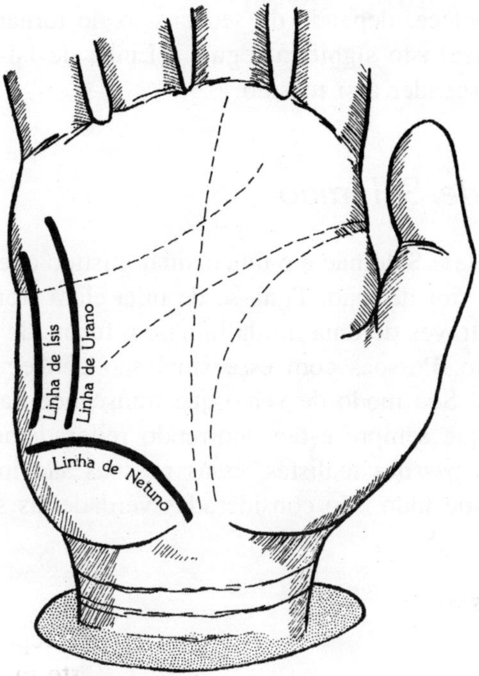

Figura 31

anseio das pessoas pela conscientização perfeita, o que exige da consciência uma abordagem direta que independe do tempo. E, assim, nessa linha também está contida a força para a concentração na meditação.

A *Linha de Ísis* também é chamada de Linha de Plutão. Ela fica bem para fora, quase no ângulo externo da mão. Na maioria das vezes ela é apenas insinuada e só com a tensão dos músculos se poderá reconhecê-la. Ela testemunha uma força espiritual fora do comum. Uma pessoa com essa linha tem um coração honesto, no qual pode confiar para se orientar na vida. Essa pessoa leva a força consigo, uma força que possibilita o florescimento da verdade. Se isso acontece, depende de seu anseio de tornar-se plena. Em última análise, isto significa seguir a Linha de Ísis e transcender a mão, transcender a si mesmo.

O Anel de Salomão

O Anel de Salomão é o único sinal místico que pode ser visto no lado exterior da mão. Trata-se de uma clara fronteira do Dedo de Júpiter através de uma nítida linha em forma de anel, acima da raiz do dedo. Pessoas com esse sinal são conhecidas por serem esclarecidas. Seu modo de ver o que transcende baseia-se em experiências que sempre estão ocorrendo reiteradamente com elas. Para muitas pessoas realistas, essas pessoas são impressionantes, mas, acima de tudo, são consideradas verdadeiras santas.

Posfácio

No final do livro, muitos leitores ficarão com uma pergunta, depois de analisarem suas mãos: "O que devo fazer com as minhas mãos? Como posso resolver minhas dificuldades?"

Bem, como alguém que gostaria de se tornar um pintor e não tem nenhum talento para tanto quer ser um pintor, apesar de tudo? Ele não pode. No entanto, qualquer ser humano pode ser um artista, contanto que se dedique de corpo e alma ao que fizer.

A situação não é diferente com uma pessoa que busca a própria salvação. Enquanto continuar percorrendo um caminho que não corresponde ao que lhe foi dado por Deus, ela topará com obstáculos e agirá contra seus princípios. Em cada ser humano existe a disposição natural para ser perfeito, mas é preciso que se dedique totalmente. E essa dedicação é algo que o ser humano não pode partilhar; ele precisa realizá-la inteiramente por si mesmo. Essa salvação só é possível quando o homem a ela se dedica com todo o seu ser.

É por isso que este livro também não pode dar respostas a perguntas do seguinte tipo: "O que posso fazer, já que o peso do meu Dedo de Mercúrio é material, e eu quero me voltar com toda a minha dedicação espiritual rumo ao transcendente?" A resposta já foi dada há bastante tempo, antes mesmo de se considerar a pergunta. A resposta é óbvia. O único caminho do homem rumo à perfeição é viver inteiramente o que está escrito na mão, é corresponder totalmente ao selo nela impresso por Deus.

Este livro pode tornar os sinais mais claros para que as pessoas possam reconhecer o selo de suas mãos.

A AURA DAS MÃOS

O significado das cores e das formas da aura

Matthias Mala

Ao discorrer neste livro sobre a aura das mãos e, mais particularmente, sobre a aura dos dedos, Matthias Mala dedica-se à análise de um aspecto da aura ao qual não se tem dado a devida atenção na literatura esotérica.

Talvez o motivo disso seja o fato de as pessoas que vêem e analisam a aura não disporem dos conhecimentos básicos da quiromancia, não podendo por isso definir sua percepção nesse sentido. Contudo, esses conhecimentos constituem uma condição prévia indispensável para se interpretar o jogo das cores da aura pois, em geral, é ao redor das mãos que se revela mais intensamente o espectro de suas cores.

Segundo o autor, através da compreensão da nossa aura, permitiremos que o plano mais elevado do nosso ser transpareça nas atividades do nosso dia-a-dia, tornando-nos capazes de reconhecer o seu brilho.

O autor já é citado como um especialista neste campo devido ao sucesso de seus livros sobre a leitura esotérica das mãos. Com este novo trabalho, ele escreveu uma obra muito detalhada, que tanto nos capítulos de análise como na apresentação de exercícios práticos contribui grandemente para a harmonia da pessoa humana.

* * *

De Matthias Mala a Editora Pensamento já publicou *A Leitura Esotérica das Mãos* e *A Energia das Mãos.*

EDITORA PENSAMENTO

A ENERGIA DAS MÃOS

Equilíbrio espiritual e desenvolvimento mental através da energia das mãos

Matthias Mala

Duas afirmações principais constituem a contribuição deste livro e o destacam entre todos os que versam sobre equilíbrio espiritual e desenvolvimento mental. A primeira é a de que, com a sensibilidade da ponta dos dedos, é possível descobrir a condição da alma, pois pelas mãos flui uma torrente de energia que pode nos colocar em contato com um conhecimento esotérico há muito esquecido. A segunda é a de que, para obter as chaves das forças anímicas e mentais, podemos nos valer não só da quiromancia, ou arte de ler as mãos, mas também de torrentes de energia perfeitamente perceptíveis pelos que se inteirarem das técnicas descobertas pelo autor de *A Energia das Mãos*.

Matthias Mala, autor de outro livro, sob muitos aspectos, inovador – *A Leitura Esotérica das Mãos*, também publicado pela Editora Pensamento –, comprovou através de uma série de experiências realizadas no Instituto de Fotografia de Alta Freqüência de Unterschleissheim, perto de Munique, que a existência da força, da irradiação e da magia das mãos não é uma sugestão ou criação sua, e muito menos um fenômeno subjetivo, mas uma realidade que pode ser constatada e usada por qualquer pessoa.

O autor também fala sobre o antiqüíssimo mistério tântrico dos Mudras – gestos ritualísticos que podem ser executados com nova força espiritual se nos valermos da energia de que fala este livro.

EDITORA PENSAMENTO

MÃOS DE LUZ

Barbara Ann Brennan

Este livro é de leitura obrigatória para todos os que pretendem dedicar-se à cura ou que trabalham na área da saúde. É uma inspiração para todos os que desejam compreender a verdadeira essência da natureza humana.
ELISABETH KUBLER-ROSS

Com a clareza de estilo de uma doutora em medicina e a compaixão de uma pessoa que se dedica à cura, com quinze anos de prática profissional observando 5000 clientes e estudantes, Barbara Ann Brennan apresenta este estudo profundo sobre o campo energético do homem.

Este livro se dirige aos que estão procurando a autocompreensão dos seus processos físicos e emocionais, que extrapolam a estrutura da medicina clássica. Concentra-se na arte de curar por meios físicos e metafísicos.

Segundo a autora, nosso corpo físico existe dentro de um "corpo" mais amplo, um campo de energia humana ou aura, através do qual criamos nossa experiência da realidade, inclusive a saúde e a doença. É através desse campo que temos o poder de curar a nós mesmos.

Esse corpo energético – pelo qual a ciência só ultimamente vem se interessando, mas que há muito é do conhecimento de curadores e místicos – é o ponto inicial de qualquer doença. Nele ocorrem as nossas mais fortes e profundas interações, nas quais podemos localizar o início e o fim de nossos distúrbios psicológicos e emocionais.

O trabalho de Barbara Ann Brennan é único porque liga a psicodinâmica ao campo da energia humana e descreve as variações do campo de energia na medida em que ele se relaciona com as funções da personalidade.

Este livro, recomendado a todos aqueles que se emocionam com o fenômeno da vida nos níveis físicos e metafísicos, oferece um material riquíssimo que pode ser explorado com vistas ao desenvolvimento da personalidade como um todo.

Mãos de Luz é uma inspiração para todos os que desejam compreender a verdadeira essência da natureza humana. Lendo-o, você estará ingressando num domínio fascinante, repleto de maravilhas.

EDITORA PENSAMENTO

Outras obras de interesse:

A ENERGIA DAS MÃOS
Equilíbrio Espiritual e Desenvolvimento Mental Através da Energia das Mãos
Matthias Mala

A AURA DAS MÃOS E O DESENVOLVIMENTO DO SER HUMANO
Matthias Mala

SUAS MÃOS PODEM CURAR
Ric A. Weinman

MÃOS QUE CURAM
J. Bernard Hutton

MÃOS DE LUZ
Barbara Ann Brennan

A CURA PELAS MÃOS
Richard Gordon

CURANDO COM AS MÃOS
Echo Bodine Burns

O HÁBITO DA ORAÇÃO E A LEI DO KARMA
Alvin B. Kuhn

KARMA
Annie Besant

OS CHAKRAS E OS CAMPOS DE ENERGIA HUMANOS
Shafica Karagulla e *Dora van Gelder Kunz*

A AURA PESSOAL
Dora van Gelder Kunz

CHAKRAS, RAIOS E RADIÔNICA
David V. Tansley

AS TRAJETÓRIAS DOS RAIOS E OS PORTAIS DOS CHAKRAS
David V. Tansley

KARMA - A Lei Universal da Harmonia
Hanson e *Stewart*

TEORIA DOS CHAKRAS
Hiroshi Motoyama

O MISTÉRIO DA AURA HUMANA
Ursula Roberts

MANUAL DA AURA
Laneta Gregory e *Geoffrey Treissman*

AURAS HUMANAS
Colette Tiret